Conservation des vestiges de la Grande Guerre dans le cadre juridique actuel

Droit du patrimoine culturel et naturel

Collection dirigée par Marie Cornu et Jérôme Fromageau

Cette collection initiée par le groupe de recherches « Droit du patrimoine culturel et naturel » a pour but de développer et enrichir la réflexion sur les objets et modes de protection dans le domaine du patrimoine culturel et naturel. Les questions que soulèvent la conservation, la circulation, la valorisation du patrimoine sollicitent, en effet, ces deux disciplines. Le contexte d'un monument historique, son environnement, le paysage dans lequel il s'inscrit sont souvent essentiels à sa mise en valeur. Le droit de la culture et le droit de l'environnement développent cependant des concepts propres. Ils ne sont pas toujours en accord sur les méthodes et les moyens de protection, d'où l'intérêt de la confrontation et de la comparaison des ressources tirées de ces deux dispositifs.

C'est pourquoi la réflexion doit se renouveler sur les concepts fondamentaux du patrimoine sur la délimitation des éléments qui méritent protection, des outils qu'il faut nécessairement adapter. Dans la compréhension des différents mécanismes et l'ouverture vers de nouveaux modèles, le droit comparé est essentiel, ainsi que le droit international.

Dernières parutions

Alexandre Sigfrid NAVARRO, *La diplomatie des sociétés dans le réseau-monde, 1991-2022. Transformation des coopérations culturelles européennes est-ouest*, 2025.

Jean-Raphaël PELLAS, *Fiscalité du patrimoine culturel immobilier. Contribution à la financiarisation des biens culturels et naturels*, 2025.

Géraldine GOFFAUX CALLEBAUT et Armelle VERJAT (dir.), *Transmettre les monuments historiques. Enjeux, outils et perspectives*, 2024.

Emma TRAN VAN NHIEU, *L'appropriation culturelle et le droit. Sauvegarder le patrimoine culturel immatériel des communautés*, 2024.

Jeanne Pinteaux

Conservation des vestiges de la Grande Guerre dans le cadre juridique actuel

L'Harmattan

5-7, rue de l'École-Polytechnique - 75005 Paris

www.editions-harmattan.fr
ISBN : 978-2-336-59076-9
EAN : 9782336590769

Dépôt légal : février 2026

En mémoire de mes arrières-arrières-grands-pères,

Combattants de la Grande Guerre.

Henri PINTEAUX
Officier de la Légion d'honneur
Croix de Guerre

Pierre LAIRÉ
Croix de Guerre avec une étoile de bronze

Je remercie sincèrement la Famille Driant ainsi que M. A. Carenjot pour la confiance qu'ils me témoignent en ayant mis au service de cet ouvrage leur patrimoine photographique.

Introduction

« C'est tout un grand lambeau de notre pays qui a cessé d'exister. On voudrait s'évader de ce cauchemar ; à chaque minute, à chaque tournant des routes, on se dit, on espère : mais cela va finir ! Et non, cela ne finit pas, les ruines succèdent aux ruines ; villes, ponts sur les rivières, villages, humbles fermes isolées, tout est saccagé, émietté, pulvérisé ; les gorilles ont trouvé le temps de n'épargner rien »[1].

Ces premiers mots pourraient constituer l'incipit d'un récit fictif, mais ils décrivent pourtant les conséquences tragiques d'un événement historique majeur : celle de la Première Guerre mondiale, aussi appelée la Grande Guerre.

Cause immédiate de l'assassinat de l'archiduc François Ferdinand, héritier du trône de l'empire d'Autriche-Hongrie, à Sarajevo par un nationaliste serbe le 28 juin 1914, elle débute le 28 juillet 1914 suite au refus de la Serbie (alliée de la Russie) de répondre aux demandes austro-hongroises[2]. Elle se déroule en trois phases. Les premiers mois sont ceux de la guerre de mouvement[3], déclenchée par l'attaque allemande sur la Belgique. Celle-ci est mise à terme par la bataille de la Marne de 1914 et sauve de justesse Paris. Extrêmement coûteuse en hommes ; rien que quatre-vingt mille soldats français entre

---

[1] Pierre Loti, *L'horreur allemande*, éd. Calmann-Lévy, 1918.

[2] Or, l'Europe est divisée en deux systèmes d'alliances : d'une part, la Triple Entente qui regroupe le Royaume-Uni, la Russie et la France, et d'autre part, la Triple Alliance composée de l'Allemagne, l'Autriche-Hongrie et l'Italie. L'engrenage des alliances fait donc entrer les deux alliances en guerre, à l'exception de l'Italie qui reste hors du conflit pour finalement rejoindre l'Entente en mars 1915.

[3] Guerre offensive pendant laquelle les armées se déplacent.

le 5 et le 10 septembre 1914 ; et suite à la « course à la mer », le front est bloqué sur sept cents kilomètres de la Mer du Nord à la frontière suisse à partir de novembre 1914 débutant ainsi la guerre de position ou guerre de tranchées.

Les armées s'enterrent et se défendent en défigurant au passage le paysage : les « champs sont dévastés, les semis sont remplacés par des gerbes d'explosions démentielles. La terre agricole se parsème de plaies béantes, cratères de mines, vérole monstrueuse des pluies d'obus »[1].

Le Lieutenant-colonel Driant et deux chasseurs au Bois des Caures - Décembre 1915. Famille Driant.

[1] G. Deffrennes, Sites de la Première Guerre dans le nord de la France, éd. Ouest-France, Préface, 2014, p. 7.

En parallèle, toutes les ressources des pays sont mobilisées faisant de la grande guerre, une guerre totale[1].

La poursuite du conflit, après les offensives meurtrières de 1916, est difficilement acceptée par les combattants et les civils, menant à des grèves et des mutineries, notamment en Russie où une révolution entraîne la chute du Tsar Nicolas II et l'arrêt des combats. La sortie de la Russie est compensée par l'arrivée des États-Unis en avril 1917 œuvrant aux côtés de la Triple Entente. La deuxième bataille de la Marne, lors de l'été 1918, emmène les armées françaises et leurs alliés vers la victoire, qui est officiellement reconnue par la signature de l'Armistice le 11 novembre 1918.

La Grande Guerre dure ainsi quatre longues années qui laissent derrière elles un lourd bilan dont les proportions peuvent aisément décontenancer. Elle représente une macabre hécatombe puisque sont dénombrés près de dix millions de soldats morts ; ce chiffre est à reporter pour les populations civiles. Il faut enfin y ajouter les vingt-et-un millions de blessés dont un grand nombre est profondément mutilé. En mobilisant soixante-quatorze millions de soldats, c'est « la première fois, dans l'Histoire moderne, qu'un événement global touche l'intimité de chaque famille à l'échelle mondiale »[2].

Les chiffres sont approximatifs, mais ils ont le mérite d'exister, contrairement aux dégâts matériels qui ne sont pas chiffrés. Pourtant, ils sont particulièrement nombreux au vu des photographies, reportages, écrits, qui témoignent de la destruction massive de champs, de villages et de villes ; certaines sont même désignées comme « villes martyres ».

---

[1] Guerre mobilisant toutes les ressources humaines, matérielles, technologiques, économiques et psychologiques d'un pays.

[2] France Info, Première Guerre mondiale : "un événement global qui touche l'intimité de chaque famille", publié le 10 nov. 2018.

L'ensemble du paysage urbain et rural se mêle donc d'un capharnaüm sans nom dont on peut principalement en distinguer une masse de vestiges. Ceux-ci, souvent assimilés à des ruines, des décombres ou encore des débris, doivent simplement être compris comme les marques laissées par quelque chose qui a été détruit. Bien que cette définition encyclopédique soit objective, il faut s'en contenter car les quelques dictionnaires de la Grande Guerre[1] ne la mentionnent pas. Plus largement encore, le patrimoine militaire n'a pas en tant que tel d'existence juridique, ni dans le Code du patrimoine, ni dans le Code de la défense[2].

L'absence de définition universelle implique de se référencer à chaque spécialité qui a sa propre définition. Là où l'archéologie considère les vestiges de la Grande Guerre comme des traces matérielles laissées par le conflit (réseaux de tranchées, objets personnels de soldats, restes de cantonnement), l'histoire englobe plus largement les vestiges. Elle souligne aussi l'importance des traces immatérielles (chants de soldats, témoignages oraux, expressions issues des tranchées, pratiques commémoratives), dans l'environnement et la mémoire collective, qui témoignent elles-aussi des évènements et des modes de vie liés à la guerre.

Dans le cas présent, il est fait le parti-pris d'occulter le patrimoine immatériel puisqu'il fait appel à des notions juridiques différentes dépassant le cadre de travail, centré

---

[1] Référence au Dictionnaire écrit par Jean-Jacques Becker, au dictionnaire écrit sous la direction de Jean-Yves Le Naour, au dictionnaire écrit sous la direction de François Cochet et Rémy Porte.

[2] CORNU Marie, *Le patrimoine militaire, entre histoire nationale et mémoire collective*, in Caroline Chamard-Heim et Philippe Yolka (dir.), *Patrimoine(s) et équipements militaires, Aspects juridiques,* Institut Universitaire Varenne, Collection Colloques & Essais, 2018, pp. 189-205.

sur la conservation juridique actuelle des vestiges matériels immobiliers. Ceux-ci recouvrent une large isotopie car sont concernés les fortifications (tranchées, blockhaus, postes d'observation, abris bétonnés ou souterrains, forts) ; les zones et traces des combats (champs de bataille[1], cratères d'obus, entonnoirs) ; les routes stratégiques militaires (comme La Voie sacrée à Verdun) ; les installations de l'arrière-front (hôpitaux souterrains, équipements militaires) ; et les villages et bâtiments détruits non reconstruits.

Aujourd'hui, ces vestiges ont pour mission principale d'entretenir la mémoire. Ils partagent ce point commun avec les cimetières militaires[2] et les monuments commémoratifs. Ces derniers sont érigés pour perpétuer le souvenir d'une personne ou d'un groupe de personnes ou d'un événement[3]. Ils comprennent plus spécifiquement, les monuments aux morts, qui commémorent les combattants décédés d'une guerre, et les mémoriaux. Ceux-ci sont « érigés soit pour perpétuer le souvenir des grands événements de la guerre, soit élevés à la mémoire de certaines unités des armées pour commémorer, sur place, des faits de guerre ou des actions d'éclat »[4].

Pour cet ensemble, la dimension mémorielle est particulièrement forte car ils constituent des témoins directs et rendent hommage à chacun des morts de la guerre, y compris à ceux qui sont des « inconnus »[5].

---

[1] Par champs de bataille, est entendu l'endroit où a lieu une bataille ; cela n'a pas obligatoirement lieu sur une parcelle de terre cultivable.

[2] Lieu où sont inhumés les soldats morts lors d'une guerre.

[3] Dictionnaire Robert, 2024.

[4] Ministère de la Culture, Inspecteurs des patrimoines (collège des Monuments historiques), "Première Guerre mondiale et monuments historiques", n° 2012-38, nov. 2012.

[5] F. Cochet, *Idées reçues sur la Première Guerre mondiale,* éd. Le Cavalier bleu, 2014.

En raison de l'ampleur inédite des destructions et de leur médiatisation, le sort des vestiges est questionné dès le début de la guerre et oppose deux doctrines. D'une part, les partisans de la conservation, qui estiment que le maintien des vestiges permet essentiellement de montrer la barbarie de l'ennemi et de constituer une preuve matérielle lors de la question de la réparation des dommages. Par exemple, dès novembre 1914, des voix s'élèvent pour le maintien de la cathédrale de Reims car elle incarne le symbole du martyre : « vous n'avez qu'un droit, qu'un devoir, c'est de conserver ces ruines à notre admiration, à notre douleur, à notre haine qui viendra s'y alimenter, s'y renouveler de génération en génération »[1].

D'autre part, les partisans de la reconstruction, qui considèrent que maintenir les destructions en l'état serait perçu comme démoralisateur et en contradiction avec le programme de reconstruction morale et économique de la France[2].

La doctrine de la reconstruction s'entend tout à fait au-delà de l'aspect moral, puisque la conservation des vestiges pose des problématiques particulières tant au niveau du maintien technique des structures, qu'au niveau juridique. La loi du 31 décembre 1913 se révèle inadaptée à leur protection car elle ne prévoit que le classement permanent des immeubles présentant un intérêt public du point de vue de l'histoire ou de l'art alors que le patrimoine de guerre est un patrimoine précaire.

---

[1] A. Leblanc, "La conservation des ruines traumatiques, un marqueur ambigu de l'histoire urbaine", citation issue de la Revue des Deux Mondes, citée par Christian Dupavillon, Sauvageot, 1995, p. 75.

[2] X. Perrot, "Le droit des monuments historiques et la Grande Guerre : la conservation des vestiges et souvenirs de guerre en question", in De 1913 au Code du patrimoine. Une loi en évolution sur les monuments historiques, La Documentation Française, 2018, p.32-41.

En outre, la Convention de la Haye, votée en 1899 et révisée en 1907, est censée protéger le patrimoine en cas de conflit, mais elle est totalement inefficace. Les textes n'ont pas prévu le caractère total d'une guerre, ni sa durée, et encore moins les progrès de l'artillerie et de l'aviation. Les articles disposent d'un certain intérêt, mais manquent souvent de précisions comme l'article 27 de l'annexe à la Convention. Celui-ci prévoit que les établissements affectés au culte, aux arts et aux sciences, soient signalés en tant que tels depuis l'extérieur, afin d'éviter qu'ils ne soient pris pour cible par des tirs d'artillerie. Or, la matérialisation de ce signalement n'est pas précisée entraînant une très difficile mise en œuvre.

Dès lors, la situation pousse certains à dépasser le cadre juridique tout en s'en inspirant. La proposition de loi relative au classement et à la conservation des ruines et vestiges du 23 septembre 1915, présentée par le député Jules-Louis Breton, en est l'exemple le plus concret. Son article premier dispose que les « ruines les plus qualifiées, par leur aspect et leurs souvenirs militaires, pour servir d'enseignement aux générations futures [sont] classées comme monuments historiques et conservées dans l'état où elles se trouveront après les opérations de guerre ».

Toutefois, la proposition de loi finit par être rejetée face aux impératifs réalistes et budgétaires, mais pour autant, elle convainc de l'intérêt de la conservation des vestiges de guerre qui ne sera jamais abandonné durant le conflit[1].

En effet, si la « Commission des Ruines historiques » proposée par Jules-Louis Breton n'a pas pu voir le jour, les événements militaires vont finalement amener à la création d'une Commission interministérielle des vestiges et des

---

[1] X. Perrot, "Le droit des monuments historiques et la Grande Guerre : la conservation des vestiges et souvenirs de guerre en question", in De 1913 au Code du patrimoine. Une loi en évolution sur les monuments historiques, La Documentation Française, 2018, p.32-41.

souvenirs de guerre, qui œuvre dès le mois de mai 1917. Rattachée au ministère de la Guerre, elle se fixe comme objectif de « reconnaître les terrains et certaines portions des anciens fronts qui méritent d'être conservés dans l'état où ils se trouvent, soit pour le souvenir des faits d'armes dont ils ont été le théâtre, soit en raison de leur aspect ou de leur organisation particulièrement typique »[1].

Les premiers travaux de la commission démontrent qu'il ne s'agit pas d'un simple inventaire, mais d'un véritable travail de tri et d'argumentation. À titre d'illustration, le rapport d'André Ventre[2] indique que le village de Nouvron-Vingré, entièrement détruit, peut être rangé parmi les ensembles intéressants, mais est exclu de tout classement pour permettre au village de renaître. Néanmoins, les galeries creusées par les Allemands sur la commune peuvent être classées sans nuire à la reconstruction. L'abri allemand dans le village de Nampcel mérite quant à lui d'être classé par son importance, par le fini et le définitif de sa construction[3].

De ce fait, il est important de remarquer que pour la première fois, un patrimoine est constitué à partir de vestiges produits par la guerre, notamment par des éléments militaires, qui sortent des propositions traditionnelles liées aux monuments architecturaux.

---

[1] Franck Viltart, « Naissance d'un patrimoine : les projets de classement des ruines, vestiges et souvenirs de guerre (1915-1918) », In Situ [En ligne], 23 | 2014, mis en ligne le 04 mars 2014.

[2] Nommé architecte en chef des Monuments historiques en Haute-Marne en 1915. La commission des vestiges et des souvenirs de guerre lui confie le soin d'établir des plans et croquis de ces vestiges lors des premières inspections.

[3] Franck Viltart, « Naissance d'un patrimoine : les projets de classement des ruines, vestiges et souvenirs de guerre (1915-1918) », In Situ [En ligne], 23 | 2014, mis en ligne le 04 mars 2014.

Par la suite, d'autres moyens sont mis en place pour compléter la protection, dont une circulaire de septembre 1919, invitant tous les architectes à rechercher et signaler tous les vestiges de guerre encore non portés sur les listes qu'il y aurait intérêt à classer pour assurer leur conservation[1]. En outre, un projet de loi du 8 novembre 1920 sur les vestiges de guerre permet de classer et de préserver sans contraintes législatives les monuments et les édifices retenus.

Ainsi, la valorisation des vestiges est mise en place dès le début de la guerre bien que les partisans de la reconstruction y soient opposés. Cependant, en raison de l'ampleur des sites touchés et de la diversité des atteintes aux bâtiments, une unique décision ne pouvait s'imposer. Dès lors, il a été fait le choix de préserver certaines ruines ainsi que quelques villages détruits pour témoigner du vandalisme allemand. Mais, le reste se doit d'être reconstruit, d'abord pour reloger la population et relancer la reconstruction économique et morale, et puis par conscience que l'émotion résultant de l'aspect actuel des vestiges et des ruines ne subsisterait pas dans le temps en raison de leurs matériaux périssables et de la végétation parasite.

Par conséquent, les villes martyres comme celles de Reims, Arras, Verdun et Soissons ont été reconstruites, et il est désormais difficile de s'imaginer le chaos qui y a pu régner durant la guerre. Parfois, la reconstruction s'effectue contre la volonté ; ce fut le cas pour l'église de Sermaize-les-Bains qui a été classée et restaurée au titre des dommages de guerre contre la réticence du maire[2].

[1] Emmanuelle Danchin, "Le temps des ruines (1914-1921)". Collection "Histoires", Presses universitaires de Rennes, 2014.

[2] Ministère de la Culture, Inspecteurs des patrimoines (collège des Monuments historiques), "Première Guerre mondiale et monuments historiques", n° 2012-38, nov. 2012, p. 7.

Toutefois, certaines traces du passé n'ayant pas abîmé les structures des immeubles peuvent apparaître à des yeux aguerris. En ce sens, on peut apercevoir sur les façades de l'église de Fismes et de Courmelois des impacts de balles.

A contrario, lorsque le site détruit présente une menace pour la population, due à l'importante présence de munitions et cadavres, il n'est pas reconstruit. Le cas n'est pas unique puisque plusieurs villages dans chacun des départements touchés par la guerre sont concernés. Le cas de la Meuse est certainement le plus connu, mais l'ensemble des départements du front sont touchés tels que sept villages dans la Marne ou six en Meurthe-et-Moselle.

Le choix de ne pas reconstruire ou de reconstruire des vestiges est un choix d'urbanisme puisqu'il impacte l'aménagement et le développement urbain. De ce fait, le gouvernement doit pouvoir s'appuyer sur des législations d'urbanisme spécifiques en complément de celles dédiées au patrimoine architectural et culturel. Or, il s'avère que le droit moderne de l'urbanisme remonte au lendemain de la Première Guerre mondiale car le besoin d'aménagement des agglomérations ne s'est fait sentir qu'après la destruction de celles-ci, bien que l'étude de l'ordonnancement des villes soit très ancienne[1]. En effet, “l'avantage urbain” de la guerre est d'offrir des espaces urbains à reconstruire permettant alors d'intégrer des règles d'hygiène, de sécurité et de salubrité. Le principe de village-rue est par exemple repris avec amélioration : les voies de circulation sont élargies, le cimetière est positionné à l'extérieur du village et la place publique aménagée.

Le but initial du droit de l'urbanisme est donc d'encadrer les possibilités d'utilisation du sol afin d'aménager de façon harmonieuse les ensembles urbains. Il est un droit de l'anticipation puisqu'il se charge d'équilibrer une volonté

---

[1] Henri Jacquot, François Priet, Soazic Marie, *Droit de l'urbanisme*, Editions Dalloz, 2022.

politique face à une réalité. Dès lors, la protection du patrimoine culturel et en particulier ceux des vestiges de la Première Guerre mondiale semble absolument contraire à cette matière. Toutefois, il s'est complexifié et a intégré d'autres objectifs d'intérêt général, notamment environnementaux, et n'a pas totalement délaissé le patrimoine puisque sa protection empêche ou limite strictement la construction dans les espaces où elle est indésirable. Encore faut-il que les acteurs du droit de l'urbanisme, et notamment les collectivités locales, disposent de leurs compétences en ce sens.

Aujourd'hui, plus de cent ans se sont écoulés depuis la fin de la guerre et tous les combattants de la Grande Guerre sont décédés depuis plus d'une dizaine d'années laissant ainsi le monde sans témoin direct de ce conflit. Les traces tangibles des affrontements et des dévastations matérielles sont devenues quant à elles bien rares suite aux reconstructions. En effet, les traces les plus perceptibles dans le paysage ne sont pas les vestiges, mais les cimetières militaires et les monuments commémoratifs.

Néanmoins, un petit nombre de vestiges subsiste encore, et leur conservation est une nécessité afin de perpétuer la mémoire de la Grande Guerre. Le sujet peut sembler désuet, il est pourtant toujours présent. L'inscription de cent trente-neuf sites funéraires et mémoriels du front ouest de la Première Guerre mondiale sur la liste du patrimoine mondial en 2023 atteste de cette véracité. En parallèle, les nombreuses commémorations annuelles et l'action constante des associations jouent grandement à la sauvegarde de ce patrimoine. Celle-ci, est aussi nettement due aux dons de mécénat et aux financements privés couplés aux techniques développées de restauration et nouvelles technologies comme le LiDAR[1].

---

[1] Light Detection and Ranging : scanner permettant d'établir rapidement des relevés topographiques très détaillés de vastes zones.

Il convient davantage de s'intéresser au cadre juridique qui entoure les vestiges car il impacte directement leur sauvegarde. Bien que la Grande Guerre se soit déroulée sur plusieurs fronts, seul le cadre juridique des vestiges sur le sol français sera étudié en raison de l'abondance de la matière et d'un relatif chauvinisme.

Dès lors, il convient de répondre à la problématique : le cadre juridique actuel est-il suffisant pour répondre aux défis de conservation des vestiges de la Grande Guerre ?

Afin de mieux comprendre les enjeux du sujet, il convient d'abord d'examiner les différentes législations gravitant autour des vestiges de cet événement historique. En effet, la protection au titre des monuments historiques est loin d'être la seule à permettre une conservation durable. Le cadre juridique est particulièrement hétéroclite (Chapitre 1). Cette palette de législations demeure pourtant peu mise en œuvre pour assurer une confortable conservation de l'ensemble des vestiges (Chapitre 2), qui peut entrer en concurrence avec d'autres monuments ou projets d'aménagement.

Chapitre 1 : Le caractère hétéroclite du cadre juridique des vestiges de la Grande Guerre

Le cadre juridique des vestiges de la Grande Guerre a la particularité de présenter un caractère hétéroclite. En effet, différents domaines de législations interviennent, dont le droit de l'urbanisme. Les principes que se donne celui-ci sont, en théorie, plutôt favorables à la conservation des vestiges (Section 1). En revanche, pour ce qui est des outils juridiques, notamment des documents d'urbanisme, cela dépend de leur degré de coercition (Section 2). En parallèle, le patrimoine de la guerre 1914-1918 bénéficie de législations spécifiques (Section 3) issues majoritairement du Code du patrimoine et du Code de l'environnement.

Section 1 : Les principes du droit de l'urbanisme favorables à la conservation des vestiges

En théorie, les principes du droit de l'urbanisme sont favorables à la conservation des vestiges. Cependant, cette favorabilité oscille selon la politique de l'autorité d'urbanisme compétente (I) et l'état de conservation des vestiges (II).

I. Une favorabilité soumise à la politique de l'autorité d'urbanisme

La préservation du patrimoine culturel est l'un des objectifs que se fixe le Code de l'urbanisme au sein de son article L.101-2 (A), mais encore faut-il que les acteurs compétents le prennent véritablement en compte (B).

Les objectifs cités à l'article L.101-2 du Code de l'urbanisme

Le droit de l'urbanisme se donne un certain nombre d'objectifs énoncés par l'article L.101-2 du Code de l'urbanisme. Ceux-ci peuvent être classés en quatre catégories : la préservation de la sécurité et de la salubrité publiques des risques naturels et technologiques ; la qualité urbaine, la préservation des paysages naturels ainsi que du patrimoine culturel ; assurer l'ensemble des fonctions urbaines (mobilité, diversité, inclusivité et mixité fonctionnelle) ; et la préservation de l'environnement et particulièrement la lutte contre le réchauffement climatique, l'artificialisation des sols et l'étalement urbain[1]. L'ensemble des objectifs doit être coordonné et parvenir à un équilibre[2], ce qui est difficilement atteignable car aucun n'est véritablement contradictoire avec les autres[3].

Le patrimoine est ainsi directement pris en compte par la réglementation générale du droit de l'urbanisme. Mais, il est abordé de façon globale et ne mentionne pas spécifiquement le patrimoine historique et archéologique, constitutif du patrimoine de la Grande Guerre. De plus, en pratique, l'énonciation de cet objectif n'entraîne pas une obligation de résultat pour les autorités administratives des collectivités territoriales, ce qui peut être reproché. Le juge peut tout de même opérer un contrôle de compatibilité qui peut déboucher sur une annulation d'un document d'urbanisme, s'il considère que celui-ci comporte des

---

[1] Sorbara, Jean-Gabriel. « L'aménagement et les objectifs du droit de l'urbanisme », *Droit et Ville*, vol. 93, no. 1, 2022, pp. 91-104.
[2] Art. L.101-2-1 du Code de l'urbanisme.
[3] Sorbara, Jean-Gabriel. « L'aménagement et les objectifs du droit de l'urbanisme », *Droit et Ville*, vol. 93, no. 1, 2022, pp. 91-104.

dispositions contraires à la protection du patrimoine[1]. Dès lors, un garde-fou empêche les potentielles atteintes contre le patrimoine perpétrées par les auteurs des documents d'urbanisme, lorsque ceux-ci jouissent un peu trop de leur liberté d'administration.

Le principe de libre administration des collectivités territoriales

Le principe de libre administration des collectivités territoriales est affirmé à l'article 72 de la Constitution de 1958. Il autorise à celles-ci d'être dotées « d'attributions effectives »[2] ou de compétences qui leur permettent de prendre des décisions à leur échelle locale tel que prendre des actes exécutoires de façon unilatérale. Ce principe doit profiter à l'ensemble des collectivités territoriales, ce qui signifie qu'aucune collectivité ne peut exercer une tutelle sur une autre[3]. Il implique également que les collectivités territoriales disposent de ressources financières libres afin de pouvoir mettre en œuvre leurs compétences. Dans le cas contraire, la restriction des ressources entraverait la libre administration des collectivités.

Néanmoins, le principe de libre administration inscrit dans l'organisation décentralisée ne permet pas une émancipation des collectivités territoriales dans leur gestion administrative car elles restent sous l'emprise de l'État. Dès lors, elles ne peuvent décider du montant des ressources financières dont elles ont besoin et doivent s'emparer de

---

[1] Mireille Monnier, L'urbanisme de protection : un droit au service du patrimoine, Gualino éditeur, Lextenso éditions, 2013, p.20.
[2] CC, DC n° 85-196 DC du 8 août 1985.
[3] Al 5, art 72 de la Constitution.

cette liberté pour améliorer leur fonctionnement et leur rayonnement.

En outre, l'implication dans les compétences dotées, dont celles en matière d'urbanisme, dépend d'une collectivité territoriale à une autre. Ajouté au fait que la manière dont est géré le sol est liée à une politique d'aménagement. C'est-à-dire que choisir de conserver des vestiges de la Grande Guerre est un choix d'aménagement urbain ; cela sous-entend qu'il doit constituer un centre d'intérêt principal pour l'autorité locale.

Toutefois, il faut relativiser l'impact de la gestion administrative des collectivités locales sur la protection du patrimoine et notamment du patrimoine de guerre. En effet, les communes ne sont pas les seules à être propriétaires de ce patrimoine, qu'il soit protégé par une mesure de protection législative ou non. De nombreuses associations contribuent à sa conservation et disposent ainsi d'un certain nombre de titres de propriété. En outre, l'État est également un grand propriétaire en la matière, il possède plusieurs vestiges comme le champ de bataille de l'Hartmannswillerkopf et le réseau de tranchées à Bouconville-Vauclair.

Mais, cette qualité qui lui est attribuée résulte spécifiquement d'une de ses fonctions régaliennes : conserver les sépultures de guerres des soldats "Morts pour la France". Le ministère des Armées a ainsi la responsabilité de deux cent quatre-vingt-dix nécropoles nationales et de deux mille cent soixante-dix carrés militaires dont 88% des corps sont ceux de soldats de la guerre 1914-1918[1]. Bien que ces derniers ne soient pas des vestiges, ils ont une place tout aussi importante dans le patrimoine de guerre et nécessitent un entretien dont le coût important ne peut être supporté par certaines communes ou organismes. Cela a notamment expliqué la dissolution par

[1] Ministère des Armées, Chemins de Mémoire, Les nécropoles.

un décret du 8 avril 2019 de la fondation du monument aux morts des armées de Champagne et ossuaire de Navarin pour en transférer sa gestion à l'État.

Par conséquent, tous les acteurs en matière d'urbanisme sont tenus de garantir la protection du patrimoine de la Grande Guerre. Les collectivités exercent librement cette garantie, mais un œil est toujours porté de près ou de loin sur l'effectivité de celle-ci, ajouté au fait que d'autres paramètres sont à prendre à compte.

II. Une favorabilité dépendante de l'état de conservation des vestiges

La conservation du patrimoine culturel et, implicitement des vestiges de la guerre 1914-1918, ne dépend pas uniquement de la politique des acteurs d'urbanisme, mais aussi de la position et de l'état des vestiges. Les zones rouges influencent assurément les politiques d'urbanisme dans la rédaction de leur document d'urbanisme et du zonage (A), tandis que l'intérêt historique et patrimonial d'un vestige peut autoriser à sa restauration et conservation (B).

Le principe de constructibilité limitée

La création du principe de la constructibilité limitée par la loi du 7 janvier 1983[1] constitue l'innovation ayant la portée la plus large. Posé par l'article L.111-3 du Code de l'urbanisme, il entraîne l'impossibilité de construire des terrains situés en dehors des parties urbanisées de la commune. Cette expression n'est pas définie et permet donc une appréciation in concreto qui « dépend étroitement des

[1] Loi de décentralisation n°83-8 du 7 janvier 1983 relative à la répartition des compétences entre les communes, les départements, les régions et l'État.

circonstances locales, notamment du type d'habitat, dense ou plus diffus, que l'on trouve dans les environs »[1]. De ce fait, le projet d'une construction dans les environs de parcelles à vocation agricole et forestière doit être refusé[2].

Ce principe connaît toutefois deux catégories d'exceptions énumérées par l'article L.111-4 du Code de l'urbanisme : certaines constructions sont autorisées en raison de leur nature, d'autres sont justifiées par l'intérêt qu'elles présentent pour la commune[3]. Bien que ce principe ne soit pas absolu, il est particulièrement restrictif afin de lutter contre le mitage du paysage et inciter les communes à se doter d'un document d'urbanisme local. Il permet un meilleur respect des paysages et évite la perte d'un patrimoine traditionnel[4].

Nonobstant, le principe peut être remis en cause dans le cadre des villages détruits. En effet, au lendemain de la Grande Guerre, la Chambre bleu horizon[5], constituée majoritairement d'anciens combattants, définit un cadre juridique des régions dévastées par un zonage rouge. Il en

---

[1] Réponse ministérielle n° 01533 : JO Sénat 13 juin 2019, p. 3114.

[2] CE, 27 janvier 1993, n° 106055, X. c/ commune d'Anneville-Ambourville.

[3] La première catégorie regroupe l'évolution des constructions existantes, les constructions et installations nécessaires à l'exploitation agricole et à la réalisation de certaines activités, ainsi que les constructions et installations incompatibles avec le voisinage des zones habitées. La seconde catégorie est quant à elle bien moins précise, il est seulement prévu que les constructions et installations ne doivent pas entraîner de dépenses publiques importantes, ni porter atteinte à la sauvegarde des espaces naturels et des paysages.

[4] Réponse ministérielle du ministre du Logement, JORF, 2 mai 1995, Moniteur des travaux publics du 26 mai 1995, p. 274.

[5] Les anciens combattants, dont Georges Clemenceau, constituent 44 % des 616 députés élus au scrutin mixte à un tour, ce qui donne à la chambre son nouveau surnom « Bleu horizon », en référence à la couleur des uniformes français.

ressort que les constructions sont interdites dès lors qu'elles sont situées en zone rouge car la terre y est trop polluée et trop dangereuse. De ce fait, bien que des structures de construction soient encore debout et qu'un village ait existé antérieurement, permettant ainsi la poursuite de la construction dans le secteur, la zone rouge la rend pourtant impossible de manière irréversible. Le village détruit de Nauroy (Marne) n'est qu'un exemple parmi tant d'autres.

Fort heureusement, lorsque les projets de constructions ne se situent pas en zone rouge, le principe de constructibilité limitée prend son service. De surcroît, la restauration peut être préférée.

La possibilité de restaurer un bâtiment présentant un intérêt architectural ou patrimonial

Ayant pour origine la loi urbanisme et habitat du 2 juillet 2003[1], l'article L.111-23 du Code de l'urbanisme autorise la restauration d'un bâtiment dont il reste l'essentiel des murs porteurs lorsque son intérêt architectural ou patrimonial en justifie le maintien et sous réserve de respecter les principales caractéristiques de ce bâtiment. Cette disposition a vocation à s'appliquer sur l'ensemble du territoire national, en milieu urbain comme en milieu rural. Quant à l'intérêt, il peut être désigné par un plan local d'urbanisme, ou d'un document en tenant lieu, ou par une délibération municipale prise après une enquête publique en cas d'absence d'un tel document. Enfin, la restauration d'un tel bâtiment n'est pas soumise à un champ d'application temporel, contrairement aux bâtiments entièrement détruits ou démolis qui ne peuvent être reconstruits que dans une limite de dix ans[2].

[1] Loi n°2003-590 du 2 juillet 2003 urbanisme et habitat.

[2] Art. L.111-15 du Code de l'urbanisme.

Par conséquent, un vestige issu de la Première Guerre mondiale peut tout à fait bénéficier de cet article puisque le projet de restauration peut toucher un bâtiment situé en pleine campagne, et qu'aucun délai maximal de détérioration est imposé. Néanmoins, un vestige de cette époque a vu plus d'une centaine d'années s'écouler et risque très probablement de ne pas être en bon état, voire d'être dans un état de ruine.

Or, une ruine ne peut pas bénéficier de cette disposition car sa reconstruction s'apparente à une nouvelle construction[1]. La définition légale du terme ruine[2] n'existant pas, la jurisprudence en a éclairci les contours. Elle considère des travaux réalisés sur une maison ayant été construite au XIXe siècle pour servir d'habitation, ayant perdu ses menuiseries extérieures et le plancher de son premier étage, mais ayant conservé la totalité de son gros œuvre, sa toiture et ses murs extérieurs, comme des travaux portant sur des constructions existantes[3]. Plus explicite encore, la Cour administrative d'appel de Bordeaux définit comme une ruine la construction qui ne comporte qu'un seul mur et des fondations[4]. Or, l'église d'Ablain-Saint-Nazaire (Pas-de-Calais) protégée antérieurement, et laissée à l'état de ruine après la guerre, demeure classée, tandis que l'église d'Ornes (Meuse) dont il ne reste que quelques murs et piliers est inscrite au titre des monuments historiques. Par conséquent, jouer sur le fait qu'il n'y pas de définition légale joue en faveur de la protection des vestiges.

---

[1] Defrénois, Actualité juridique "Conditions à la réhabilitation des constructions anciennes en zone naturelle".

[2] Ibidem.

[3] CAA Marseille, 10 déc. 1998, cne de Carcès, req n° 97MA00527.

[4] CAA Bordeaux, 6 sept. 2011, n° 10BX02824.

Il ne reste donc qu'à espérer qu'en raison de l'intérêt historique que dégage un vestige de la Première Guerre mondiale, celui-ci puisse être réhabilité bien que son état soit proche de celle d'une ruine. Parfois, bien que ce fameux intérêt soit présent, cela n'est pas suffisant face à des travaux d'aménagement urbain comme la construction d'une route sur une galerie souterraine allemande de cent-quinze mètres bombardée à la fin de la guerre : le Kilianstollen. Ce site, surnommé "Le Pompéi de la Grande Guerre", abritait plus d'un millier d'objets et vingt-et-une dépouilles de soldats allemands[1] ; il a dû être détruit après les fouilles archéologiques pour continuer les travaux de construction de la route.

Dans d'autres cas, c'est l'état des structures des ouvrages militaires qui permet de décider si la restauration est faisable. Effectivement, les bombardements successifs bougent fatalement les structures qui, subissant plusieurs dégâts (infiltration d'eau, fissures, désagrégation du béton), posent des spécificités dans la réfection.

Une fois que la zone patrimoniale est reconnue et délimitée, il convient de la définir dans les documents d'urbanisme pour entraîner potentiellement des contraintes juridiques.

Section 2 : La variable coercition des outils juridiques d'urbanisme

Le droit de l'urbanisme met à disposition un vaste choix d'outils juridiques pour planifier l'occupation et l'aménagement du sol. La plupart d'entre eux se focalisent principalement sur ce point en prêtant parfois une attention superficielle à la question patrimoniale (I). Nonobstant,

---

[1] R. Gascon, « Le Pompéi de la Grande Guerre attend une seconde exhumation », Voisins-Nachbarn, publié le 22 juillet 2022.

quelques-uns exercent une forte coercition sur la thématique patrimoniale complétant ainsi la protection donnée par le Code du patrimoine (II).

I. La relative indifférence des documents d'urbanisme vis-à-vis de la protection du patrimoine

Une certaine indifférence face à la protection du patrimoine et par voie de fait aux vestiges de la Grande Guerre se dégage de plusieurs documents d'urbanisme. Parmi eux, figurent le règlement national d'urbanisme en raison de son application générale sur l'ensemble du territoire (A) et la carte communale (B) bien qu'elle vise au cas par cas les communes qui l'ont adoptée. Quant au schéma de cohérence territoriale, il n'a pas vocation à protéger le patrimoine culturel (C).

Le Règlement national d'urbanisme touché par une normativité générale

La volonté législative d'avoir « des règles générales applicables en dehors de la production agricole en matière d'utilisation du sol »[1] engendre la création du règlement national d'urbanisme (RNU) par un premier décret du 29 août 1955, dont les dispositions seront modifiées et innovées à plusieurs reprises. L'une de ses principales règles est celle de la constructibilité limitée.

Le RNU a vocation à s'appliquer dans les zones non couvertes par une réglementation locale d'urbanisme, c'est-à-dire non couvertes par un plan local d'urbanisme (PLU), de tout document en tenant lieu ou de carte communale[2]. En outre, une partie de ses dispositions est d'ordre public et

---

[1] Art. 91 de l'ancien Code de l'urbanisme.

[2] Art. L.111-3 du Code de l'urbanisme.

s'applique ainsi sur l'ensemble du territoire national. Elles ont été progressivement réduites, en raison de la qualité juridique de la réglementation locale, et concernent essentiellement la sécurité et la salubrité.

Néanmoins, certaines de ces dispositions restantes, comme l'article R.111-27 du Code de l'urbanisme[1], sont en relation directe avec la protection du patrimoine et s'appliquent sur tout le territoire qu'il soit couvert ou non par un PLU. Cet article se révèle être un outil particulièrement intéressant puisqu'il fait référence à l'aspect des constructions et à leur cohérence. En effet, un « projet peut être refusé [...] si les constructions, par leur situation, leur architecture, leurs dimensions [...] sont de nature à porter atteinte au caractère ou à l'intérêt des lieux avoisinants, aux sites, aux paysages naturels ou urbains ainsi qu'à la conservation des perspectives monumentales ».

Il s'impose en l'absence de mesures de protection prises au titre de législations spécifiques et permet donc d'apporter une attention particulière à un patrimoine moins prestigieux[2], comme peut sembler l'être celui de la Grande Guerre face à des édifices religieux ou des bâtiments architecturaux. Cependant, l'énoncé de l'article ne guide pas l'appréciation et laisse ainsi l'autorité administrative libre de ses choix esthétiques au risque de laisser autoriser des projets nuisibles pour le patrimoine.

Cet effet dommageable peut être contrebalancé par l'article R.111-4 du Code de l'urbanisme qui dispose qu'un projet peut être refusé « s'il est de nature, par sa localisation et ses caractéristiques, à compromettre la conservation ou la mise en valeur d'un site ou de vestiges archéologiques ». Cet article offre une protection complémentaire à celle de

---

[1] Décret 2015-1783 du 28 décembre 2015.

[2] Mireille Monnier, L'urbanisme de protection : un droit au service du patrimoine, Gualino éditeur, Lextenso éditions, 2013, p.22.

l'article R.111-27 du code suscité, mais il est nécessaire de relativiser cet élément. En effet, le juge a pu estimer que le maire d'une commune ne commettait pas d'erreur d'appréciation concernant le projet d'une construction entraînant « la démolition de vestiges restants de murs [...], leur état de conservation extrêmement lacunaire les rendant trop peu significatifs »[1]. En l'espèce, les murs étaient susceptibles d'être rattachés à un ancien château, mais ce cas peut tout à fait s'appliquer à des vestiges issus de la Grande Guerre.

Des bâtis extrêmement détériorés par des bombardements ou une ancienne zone de champ de bataille ayant subi peu de dégâts, dont l'intérêt n'est pas considéré comme suffisant, peuvent être démolis afin d'implanter de nouveaux projets urbains. D'autant plus que cet article a perdu une partie de son intérêt depuis qu'il existe un régime concernant l'archéologie préventive au sein du Livre IV du Code du patrimoine[2].

En parallèle, l'introduction de la procédure de l'article L.111-22 du Code de l'urbanisme, par la loi ALUR[3] du 24 mars 2014, permet aux petites communes de protéger leur patrimoine en identifiant et localisant un ou plusieurs éléments présentant un intérêt patrimonial, paysager ou écologique. Là encore, la démarche est à féliciter, toutefois elle n'entraîne pas une protection accrue.

Enfin, l'article L.111-23 du Code de l'urbanisme disposant que la « restauration d'un bâtiment dont il reste l'essentiel des murs porteurs peut être autorisée, sauf dispositions contraires des documents d'urbanisme et sous réserve des dispositions de l'article L. 111-11, lorsque son

---

[1] CAA Toulouse, 10 nov. 2022, Cne de Caussade, n° 20TL22806.

[2] H. Jacquot, F. Priet et S. Marie, "Droit de l'urbanisme", Paris, Éditions Dalloz, 9e. éd., 2022, p.600.

[3] Loi n° 2014-366 du 24 mars 2014 pour l'accès au logement et un urbanisme rénové, JORF n° 0072 du 26 mars 2014.

intérêt architectural ou patrimonial en justifie le maintien et sous réserve de respecter les principales caractéristiques de ce bâtiment », procure une protection considérable à double tranchant. D'abord, en ayant aucun champ d'application temporel, il permet à d'anciens vestiges comme ceux de la Grande Guerre d'être reconstruits en gardant leur identité propre et historique. En revanche, cela reviendrait aussi à effacer l'histoire de ce patrimoine et de la commune en elle-même. L'existence de cette disposition est donc à saluer, mais doit être précautionneusement utilisée en ce qui concerne les vestiges de cette guerre.

Même si les communes sont encouragées à se doter d'un PLU, elles sont encore dix mille trois cents à être régies par le RNU à la fin de l'année 2020[1]. La vigilance est ainsi toujours de mise, cela vaut aussi pour les communes régies sous la carte communale.

La carte communale, faibles prémices de protection

La carte communale résulte d'une pratique développée durant les années 1970 pour échapper au caractère général des règles du RNU et réfléchir à l'organisation de l'espace communal dans son ensemble[2]. Encouragée par une circulaire du ministre de l'Environnement et du Cadre de vie en date du 12 octobre 1978, elle n'obtient une valeur législative qu'en 1983[3] et prend le nom de « Modalités d'application du Règlement national d'urbanisme » (MARNU). Depuis, elle a subi plusieurs orientations avant

---

[1] Commission des affaires économiques, Dossier concernant "la proposition de loi visant à sécuriser l'abrogation des cartes communales et la caducité des plans d'occupation des sols", 27 janvier 2021.

[2] H. Jacquot, F. Priet et S. Marie, "Droit de l'urbanisme", Paris, Éditions Dalloz, 9e. éd., 2022, p.548.

[3] Loi n°83-8 du 7 janvier 1983 relative à la répartition des compétences entre les communes, les départements, les régions et l'État.

d'avoir le statut actuel donné par la loi SRU du 13 décembre 2000 et de reprendre l'ancienne dénomination de « carte communale » [1].

La carte communale est un document d'urbanisme occupant une position intermédiaire entre le RNU et le plan local d'urbanisme. Autrement dit, elle constitue une alternative à l'application de la règle de constructibilité limitée et à l'élaboration d'un PLU tout en offrant aux communes un outil simplifié de planification et de gestion de l'espace car elle reste opposable aux autorisations d'urbanisme.

Soumise au respect des principes énoncés aux articles L.101-1 et L.101-2 du Code de l'urbanisme et au principe de compatibilité des documents d'urbanisme de norme supérieure, la carte communale permet de délimiter les secteurs où les constructions sont autorisées et les secteurs non constructibles, à l'exception de certaines constructions précisées à l'article L.161-4 du Code de l'urbanisme.

La délimitation des secteurs constructibles n'est pas un choix discrétionnaire, il implique nécessairement un motif d'urbanisme valable. Celui-ci peut ainsi justifier de « classer en zone inconstructible un terrain situé dans les parties actuellement urbanisées de la commune au sens de l'article L.111-3 du Code de l'urbanisme »[2]. La présence de vestiges de la Première Guerre mondiale pourrait constituer un motif valable.

Néanmoins, la carte communale ne peut pas tenir lieu de plan local d'urbanisme du fait de l'absence de règlement écrit. Ce sont l'ensemble des règles du RNU qui s'applique, en complément des documents graphiques de la carte, aux constructions et aménagements urbains.

---

[1] Loi relative à la Solidarité et au Renouvellement urbains du 13 décembre 2000, dite loi SRU.

[2] H. Jacquot, F. Priet et S. Marie, "Droit de l'urbanisme", Paris, Éditions Dalloz, 9e. éd., 2022, p.555.

Par conséquent, bien que la carte communale constitue un outil très utile répondant aux besoins des petites communes, elle ne permet pas de protéger de façon stricte le patrimoine immobilier et éventuellement les vestiges qui y seraient présents. Elle peut seulement se contenter, comme le fait déjà le RNU, « d'identifier et localiser un ou plusieurs éléments présentant un intérêt patrimonial [...] et définir, si nécessaire, les prescriptions de nature à assurer leur protection »[1]. De ce fait, la portée d'un tel inventaire demeure restrictive tout en sachant que la valeur du terme "prescriptions" varie, il ne peut avoir qu'une simple valeur informative comme constituer un ordre de faire.

Il en résulte que la carte communale est préférée aux communes ayant des enjeux patrimoniaux limités et un territoire peu complexe puisqu'il n'y a pas de règlement spécifique aux zones. La présence de vestiges de la Grande Guerre écarte en principe le recours à cette dernière bien que l'intérêt de la collectivité ainsi que ses moyens financiers aient leur rôle à jouer.

D'autant plus, que l'article L.161-3 du Code de l'urbanisme autorise certains Établissements publics de coopération intercommunale (EPCI) à élaborer une carte communale, entraînant ainsi une généralité d'ensemble à la protection du patrimoine immobilier.

Il est toutefois opportun de souligner que le nombre de cartes communales diminue fortement ces dernières années en raison du développement du PLU intercommunal (PLUi). Si auparavant, plus de la moitié du nombre de communes disposait d'une carte communale, ce n'est plus le cas aujourd'hui car la Commission des affaires économiques[2] a estimé qu'il existait environ cinq mille sept

---

[1] Art. L.111-22 du Code de l'urbanisme.

[2] Commission des affaires économiques, Dossier concernant "la proposition de loi visant à sécuriser l'abrogation des cartes communales et la caducité des plans d'occupation des sols", 27 janvier 2021.

cents cartes communales à la fin de l'année 2020. En revanche, l'ensemble des communes se doit de respecter les documents d'urbanisme d'un échelon supérieur comme le schéma de cohérence territoriale.

L'incompétence du schéma de cohérence territoriale

Le Schéma de cohérence territoriale (SCoT) est un document de planification, établi à un échelon intercommunal, qui détermine un projet en fixant un cadre réglementaire pour la réalisation de documents d'urbanisme ou d'aménagement à un échelon inférieur[1]. Établi par la loi SRU, il assure une cohérence entre les politiques sectorielles d'un bassin territorial afin qu'il n'y ait pas de différences scabreuses entre les services d'urbanisme. Il a donc la particularité d'être élaboré sur une grande échelle, laquelle doit prendre en compte le domaine du patrimoine culturel comme l'ensemble des documents d'urbanisme au regard de l'article L.101-2 du Code de l'urbanisme. Dès lors, le SCoT ne peut pas appréhender les particularités patrimoniales d'un petit secteur du territoire, mais seulement mettre en évidence les caractéristiques dominantes d'un territoire. De ce fait, si une petite minorité de communes possède un patrimoine de la Grande Guerre, celui-ci aura davantage vocation à être traité par le PLU ou tout document d'urbanisme en tenant lieu.

Toutefois, il est pertinent de remarquer qu'en l'absence de ce dernier, l'ancien article L.141-18 du Code de l'urbanisme autorisait le SCoT à définir, par secteur, « des normes de qualité urbaine, architecturale et paysagère ». En complément, l'ancien article L.141-10 du même code spécifiait que le document d'orientation et d'objectifs

---

[1] L. Baldin, "Droit de l'urbanisme", Collection Lexifiche, Enrick B. Éditions, 2020, p.4.

(DOO) du SCoT déterminait « les espaces et sites naturels, agricoles, forestiers ou urbains à protéger dont il peut définir la localisation ou la délimitation ».

L'utilisation du terme “normes” sous-tendait une obligation de conformité et une dimension réglementaire[1] dont on pouvait saluer l'existence car cela permettait de prévoir un cadre de secours protecteur pour le patrimoine. Mais, si des PLU existaient, leur marge de manœuvre était relativement étroite en raison du principe de compatibilité.

Aujourd'hui, le nouvel article L.141-10 du Code de l'urbanisme utilise un terme plus souple : “orientations” en matière de préservation du patrimoine, et protège le patrimoine quand il est en confrontation avec des « installations de production d'énergies renouvelables incompatibles » qui « portent atteinte à la sauvegarde des espaces naturels et des paysages, à la qualité architecturale, urbaine et paysagère, à la mise en valeur du patrimoine et à l'insertion des installations dans le milieu environnant ».

Si depuis le départ, le SCoT ne semble pas être le document d'urbanisme privilégié pour la protection du patrimoine, la réforme opérée accentue le phénomène. Certes, il peut constituer un tremplin et lancer la marche à suivre pour les échelons inférieurs, mais ce n'est absolument pas sa vocation première.

Heureusement, quelques documents et autorisations d'urbanisme portent un certain intérêt à la conservation du patrimoine et exercent une véritable action coercitive en ce sens.

---

[1] Gridauh, D. Masson, “SCoT et patrimoine culturel / Fiche unique”, janvier 2014.

II. Quelques exceptions notables coercitives

Le document d'urbanisme le plus concerné par la question patrimoniale est sans aucun doute le plan local d'urbanisme (A). Mais, il faut également rappeler que les autorisations d'urbanisme, dont le permis de démolir (B), et les servitudes d'utilité publique (C) jouent un rôle très important en la matière.

L'intégration systématique de la thématique patrimoniale au sein du plan local d'urbanisme

Voué à remplacer le plan d'occupation des sols (POS), le Plan Local d'Urbanisme (PLU) créé par la loi SRU[1] est un outil de planification des sols qui fixe les règles applicables sur le territoire de l'EPCI compétent pour l'établir ou de la commune. Il ne s'agit donc pas d'un outil dédié à la protection du patrimoine culturel immobilier. Il s'intéresse davantage à un ensemble de thématiques qui doivent toutes être compatibles avec les objectifs de développement urbain formulés par la collectivité territoriale compétente. Chaque thématique planifiée emporte des conséquences substantielles ; la thématique patrimoniale n'y échappe pas, en particulier lorsqu'elle est confrontée à d'autres enjeux comme celui de la transition énergétique. En l'espèce, cela permet d'anticiper les risques de dégradation du bâti ancien et de mise en danger des métiers du patrimoine et du savoir-faire.

C'est pourquoi le Code de l'urbanisme impose aux collectivités territoriales d'inclure cette thématique tout en les laissant libres de choisir les patrimoines à intégrer et leur niveau de protection. De ce fait, le PLU constitue un cadre

---

[1] Loi relative à la Solidarité et au Renouvellement urbains du 13 décembre 2000, dite loi SRU.

ouvert dont la rédaction permet de comprendre l'attention apportée par la collectivité à l'égard de son patrimoine. Par exemple, la collectivité peut simplement se contenter de « lister des éléments d'intérêt en annexe sans incidence réglementaire »[1] ou au contraire répertorier strictement des éléments patrimoniaux dans le règlement avec l'appui de l'article L.151-19 du Code de l'urbanisme. « Celui-ci permet à la fois de poser des prescriptions sur les éléments identifiés et de renforcer le contrôle sur les autorisations d'urbanisme par rapport au droit commun »[2]. En effet, chaque élément identifié au titre de cet article devra faire l'objet, selon le projet envisagé du propriétaire, d'une déclaration de travaux ou d'une demande de permis de construire ou d'un permis de démolir. Cet article fournit une intensité de protection certaine car il permet à la collectivité de contrôler les travaux sur le patrimoine territorial.

Il faut tout de même garder à l'esprit que la collectivité doit expliquer les choix qui l'ont amené à retenir des éléments patrimoniaux ou à ne pas les retenir au risque de voir son PLU annulé comme celui d'Angers en 2009[3]. Il convient également de prendre en compte le fait qu'une grande ville dispose d'une ingénierie et de moyens financiers bien plus conséquents qu'une petite commune pour mettre en place ce cadre de protection. Néanmoins, de nombreuses communes et EPCI se sont saisis de cette thématique patrimoniale puisque, dès le début des années

---

[1] M. Gigot, S.Jacquot, J. Marchand et V.Veschambre, "Le plan local d'urbanisme : un champ d'extension de la protection patrimoniale ?", Territoire en mouvement Revue de géographie et aménagement.

[2] A. De Lajartre Arnaud et M. Gigot, "La protection du patrimoine culturel par un outil réglementaire de proximité : le Plan Local d'Urbanisme patrimonial", Droit, mélanges en l'honneur du Professeur Hervé Rihal.

[3] T.A. Nantes, 21 avril 2009, Association Sauvegarde de l'Anjou, req. n°064265 ; AJDA 2009, n° 1905, note N. Wolff ; RJE 2010/3, vol. 35, p. 362.

2000, « est apparue dans le langage des acteurs de l'urbanisme et du patrimoine l'expression de "PLU patrimonial" » [1]. Mais, elle n'a pas été consacrée par la loi LCAP[2] faute d'une définition claire et d'un régime juridique particulièrement souple.

Le PLU comprend aussi des orientations d'aménagement et de programmation (OAP) qui peuvent « définir les actions et opérations nécessaires pour mettre en valeur [...] le patrimoine »[3], et des fiches d'identification du patrimoine portant des prescriptions. Cependant, là encore le « choix des mots, des verbes, de l'indicatif ou du conditionnel a un sens. Il durcit ou assouplit la règle »[4].

En somme, le PLU est un document d'urbanisme qui n'est pas négligeable dans la protection du patrimoine local. Il est complémentaire à la protection fournie par le Code du patrimoine et le Code de l'environnement.

Cependant, il faut noter que la loi ALUR a acté le transfert de la compétence en matière d'urbanisme à l'échelon intercommunal, sauf opposition des communes membres, impliquant la rédaction de PLUi. Cela implique d'identifier le patrimoine à une échelle intercommunale et non pas d'ajouter des patrimoines communaux. Par conséquent, l'identification de ce patrimoine à cette échelle constitue une tâche sensible. D'où l'intérêt de recourir davantage au plan de sauvegarde et de mise en valeur

---

[1] A. De Lajartre Arnaud et M. Gigot, "La protection du patrimoine culturel par un outil réglementaire de proximité : le Plan Local d'Urbanisme patrimonial", Droit, mélanges en l'honneur du Professeur Hervé Rihal.

[2] Loi n° 2016-925 du 7 juillet 2016 relative à la liberté de la création, à l'architecture et au patrimoine, JORF n° 0158 du 8 juillet 2016.

[3] C. urbanisme, art. L.151-7.

[4] A. De Lajartre Arnaud et M. Gigot, "La protection du patrimoine culturel par un outil réglementaire de proximité : le Plan Local d'Urbanisme patrimonial", Droit, mélanges en l'honneur du Professeur Hervé Rihal.

(PSMV), pour les communes faisant partie d'une intercommunalité, car les règles entre le PLUi et le PSMV sont harmonisées.

Pour rappel, le plan de sauvegarde et de mise en valeur est un outil d'urbanisme dédié à la préservation et à la mise en valeur des sites patrimoniaux remarquables[1] (SPR) prévus par le Code du patrimoine. Il comprend toutes les pièces d'un PLU, listées à l'article L.151-2 du Code de l'urbanisme. Par conséquent, sa mise en œuvre met en révision le PLU. Les préoccupations patrimoniales sont plus qu'une simple thématique, elles deviennent centrales d'autant plus que les règles peuvent aussi bien toucher les parties intérieures que les parties extérieures des immeubles.

Toutefois, supposant un important travail de mise en œuvre, il n'est pas l'outil le plus plébiscité puisqu'en 2022 on dénombre à peu près huit-cent-soixante SPR qui concernent majoritairement des centres urbains et des quartiers[2]. Ceux-ci constituent donc des espaces très urbanisés où la présence de vestiges de la Grande Guerre, qu'ils soient ou non protégés, est peu probable voire inexistante. Ils bénéficient généralement d'une mesure de protection différente. Par exemple, la commune de Sainte-Menehould, qui était située à l'arrière du front de l'Argonne et occupait une place essentielle dans le dispositif sanitaire

---

[1] Créés par la loi LCAP, ils remplacent les secteurs sauvegardés, les zones de protection du patrimoine architectural urbain et paysager (ZPPAUP) et les aires de valorisation de l'architecture et du patrimoine (AVAP). Ils visent à protéger « *les villes, villages ou quartiers dont la conservation, la restauration, la réhabilitation ou la mise en valeur présente, au point de vue historique, architectural, archéologique, artistique ou paysager, un intérêt public* » (art. L.631-1 du Code du patrimoine).

[2] Michel Prieur, Droit de l'environnement, Éditions Dalloz, 9ème éd., 2023.

de l'armée française[1], est régie par un SPR qui ne contient aucun vestige. Ils sont localisés plus au nord de l'Argonne, autour de Massiges et de Vienne-le-Château.

Par conséquent, bien que le PSMV soit un outil d'urbanisme particulièrement intéressant pour la protection du patrimoine, il ne l'est pas véritablement pour le patrimoine de la guerre 1914-1918 dont les vestiges se situent généralement en zone rurale et de manière éparpillée.

Identifier tous les éléments patrimoniaux au sein du PLU reste la solution la plus sûre pour les vestiges et en cas d'un accidentel oubli, il existe encore une échappatoire avec le permis de démolir.

La destruction de tout élément patrimonial soumise à la délivrance d'un permis de démolir

Dès le début du XXème siècle, un régime d'autorisation préalable des démolitions est mis en place par les lois du 31 décembre 1913 et du 2 mai 1930 pour assurer la protection et la mise en valeur du patrimoine immobilier. Il faut attendre la loi du 31 décembre 1976 pour que le législateur uniformise l'ensemble des régimes d'autorisation des démolitions afin de créer un permis de démolir unique[2]. Le permis de démolir est une autorisation administrative qui doit être obtenue préalablement à la démolition partielle ou totale de toute construction protégée ou située dans un secteur où ce permis est obligatoire[3].

---

[1] Ministère des Armées, "La nécropole nationale de Sainte-Menehould", Chemins de mémoire.

[2] H. Jacquot, F. Priet et S. Marie, "Droit de l'urbanisme", Paris, Éditions Dalloz, 9e. éd., 2022, p.1120.

[3] Art. L.421-3 du Code de l'urbanisme.

L'uniformisation du régime n'a toutefois pas délaissé la protection du patrimoine puisque l'article L.421-6 du Code de l'urbanisme indique qu'une autorisation de démolition peut tout à fait être refusée lorsque « les travaux envisagés sont de nature à compromettre la protection ou la mise en valeur du patrimoine bâti ou non bâti, du patrimoine archéologique, des quartiers, des monuments et des sites ». En revanche, c'est à la lecture de l'article R.421-28 du même code que l'on s'aperçoit de l'efficacité protectrice de cet outil juridique. Le permis de démolir concerne tous les éléments patrimoniaux protégés par des mesures législatives spécifiques comme le périmètre des abords, le périmètre des SPR[1] et les sites classés ou inscrits ou en instance de classement au titre du Code de l'environnement.

Mais, l'article s'impose surtout aux éléments patrimoniaux qui ne bénéficient pas d'une mesure de protection spécifique. Autrement dit, son application concerne également les éléments qui sont identifiés et localisés par un PLU ou un document d'urbanisme en tenant lieu. Mieux encore, le ou les éléments patrimoniaux simplement identifiés par une délibération du conseil municipal[2], en raison de l'absence de document d'urbanisme sur le territoire, profitent eux aussi de cette règle. De ce fait, une très large protection est offerte, et à moins que l'immeuble menace ruine ou soit devenu insalubre[3] et qu'aucun intérêt patrimonial existe, sa destruction est peu probable.

Encore faudrait-il que, sans aucune identification ni réquisition d'un permis de démolir, le propriétaire fasse preuve de discernement en prévenant la mairie avant toute destruction. Cela n'a malheureusement pas été le cas, en septembre 2023, lorsqu'un exploitant agricole a détruit

---

[1] CE, 30 décembre 2020, M. B, n° 434818.

[2] En application de l'article L.111-22 du Code de l'urbanisme.

[3] Art. R.421-29 du Code de l'urbanisme.

deux blockhaus dans un champ de la commune de Flesquières[1].

Il faut aussi noter qu'il arrive souvent que des tranchées ne soient pas prises en compte « en raison du peu d'intérêt informatif que représente ce type de structure »[2]. Une zone d'activités industrielles peut ainsi être implantée, après les fouilles, sur l'emplacement de ses tranchées comme ce fut le cas pour la ZAC Actiparc à Arras[3].

Ainsi, les vestiges de la guerre 1914-1918 ayant un intérêt moindre peuvent plus facilement être détruits ou dénaturés pour construire des projets d'aménagement urbain, qui s'étalent de plus en plus sur les zones de l'ancien front. Mais, avant que ceux-ci soient construits, un travail archéologique est nécessairement entrepris afin d'élargir les connaissances en la matière et remplir le devoir de mémoire. Par contre, les vestiges profitant d'une servitude d'utilité publique ont peu de risque de recourir à cette protection de secours.

Les servitudes d'utilité publique

Les servitudes d'utilité publique, en tant que charges grevant les propriétés privées au profit du domaine public ou dans un but d'intérêt général[4], constituent également un outil juridique d'urbanisme au service de la conservation des vestiges. Elles sont d'ordre public et s'imposent donc à

---

[1] Anne-Lyvia Tollinchi, « Flesquières : deux blockhaus de la Grande Guerre détruits et enterrés dans un champ », sur France Bleu [en ligne], publié le 6 septembre 2023.

[2] Y. Desfossés, A. Jacques et G. Prilaux, *Archéologie de la Grande Guerre*, Ouest-France, 2015.

[3] Zone d'activité commerciale (ZAC) "Actiparc" située à l'entrée nord-est d'Arras où était localisée une ancienne ligne de front (cf infra p.72).

[4] S. Guinchard et T. Debard, "Lexique des termes juridiques 2023-2024", Dalloz, 31 éd.

tous ; c'est-à-dire les communes, communautés de communes, syndicats de communes ou établissements publics lors de l'élaboration des documents d'urbanisme et à toutes personnes physiques projetant d'occuper le sol de quelque manière que ce soit ; sans besoin de l'existence d'un document d'urbanisme et sans qu'aucune contestation ultérieure soit recevable ni d'indemnisation accordée[1].

Dès lors qu'elles ont une incidence applicable sur l'occupation des sols du territoire d'une commune, le PLU[2] ou la carte communale[3] doivent impérativement les citer dans leurs annexes et les respecter scrupuleusement. Dans le cas contraire, cela entraîne l'illégalité partielle ou totale du document d'urbanisme, selon l'importance de la disposition en question.

Bon nombre de servitudes sont relatives à la conservation du patrimoine naturel et culturel, les plus connues concernent la protection des monuments historiques et des sites.

Section 3 : Le patrimoine de guerre, bénéficiaire d'une pluralité de législations spécifiques

Apparues à la fin du XIXème siècle, les législations spécifiques se sont d'abord concentrées sur des éléments individuels de manière ponctuelle, en réduisant le droit de propriété par le biais de la protection des Monuments historiques (I), avant d'intégrer de nouvelles législations annexes au Code du patrimoine, mais d'une similaire importance (II).

---

1 Principe posé par l'article L.105-1 du Code de l'urbanisme qui possède deux exceptions : lorsque la servitude porte « atteinte aux droits acquis » ou qu'il en résulte une « modification à l'état antérieur des lieux ».

2 Art. L.151-43 du Code de l'urbanisme.

3 Art. L.161-1 du Code de l'urbanisme.

I. La prédominance de la conservation des vestiges face au droit de propriété

Le droit de propriété est nettement réduit face à la protection des Monuments historiques (A) et à leurs abords (B).

La protection au titre des Monuments historiques

La préservation du patrimoine culturel est une préoccupation ancienne. Elle apparaît pendant la Révolution française lorsque les châteaux et églises, symboles de l'Ancien Régime, sont le sujet d'actes de vandalisme. Est alors créé un poste d'inspecteur général des monuments historiques (MH) qui est confié à Prosper Mérimée en 1834. Il publie une liste de plus de mille monuments pour lesquels il réclame des financements afin d'en assurer la conservation. Il faut attendre la loi du 30 mars 1887 pour donner au classement des monuments historiques une portée juridique réduisant le droit de propriété au bénéfice d'une véritable mesure de protection.

Les critères du classement sont modifiés par la loi du 31 décembre 1913 qui, est toujours applicable, et présente la particularité d'avoir été relativement peu remaniée. En outre, elle organise un deuxième niveau de protection des immeubles présentant un intérêt d'art ou d'histoire : l'inscription. Imaginée comme une étape préalable au classement, elle est d'abord intitulée "inscription à l'inventaire supplémentaire des monuments historiques" et ne concerne que les édifices. Son régime est étendu à l'ensemble des immeubles par le décret du 18 avril 1861[1] tandis que la formule « à l'inventaire supplémentaire des

[1] Décret n°61-428 du 18 avril 1961, JO du 6 mai, p. 4179.

monuments historiques » est supprimée par l'ordonnance du 8 septembre 2005[1].

L'article L.621-25 du Code du patrimoine précise que l'inscription concerne les « immeubles ou parties d'immeubles publics ou privés qui, sans justifier une demande de classement immédiat au titre des monuments historiques, présentent un intérêt d'histoire ou d'art suffisant pour en rendre désirable la préservation ». La notion d'intérêt suffisant présente une souplesse particulièrement avantageuse puisqu'elle permet aux commissions régionales de l'architecture et du patrimoine[2] (CRPA) de décider au cas par cas de l'inscription de chaque immeuble.

Quant à l'intérêt d'histoire ou d'art, il s'étend aux vestiges archéologiques tels que « les monuments mégalithiques, les stations préhistoriques ainsi que les terrains qui renferment des champs de fouilles pouvant intéresser la préhistoire, l'histoire, l'art ou l'archéologie »[3].

Une pareille souplesse s'applique également quant à l'état du bien car celui-ci n'a pas d'incidence sur la protection. En effet, le fait qu'un immeuble ait subi des modifications importantes ne lui ôte pas fatalement tout intérêt[4]. De plus, l'article L.625-1 alinéa 2 du Code du patrimoine accepte l'inscription de tout immeuble nu ou bâti qui ne présente pas, pris isolément, un intérêt d'histoire ou d'art lorsqu'il est situé dans le champ de visibilité d'un immeuble déjà classé ou inscrit au titre des monuments

---

[1] Ord. n°2005-1128 du 8 septembre 2005, JO du 9, p. 14666.

[2] Elles se substituent aux anciennes Commissions régionales du patrimoine et des sites (CRPS). Chaque CRPA est composée de plusieurs sections dont une traitant de la protection et de la valorisation de l'architecture et du patrimoine immobilier. Celle-ci rend un avis consultatif qui ne lie pas la décision prise par le préfet.

[3] Art. L.621-26 du Code du patrimoine.

[4] L. Touzeau-Mouflard et A. Verjat, "La protection des monuments historiques", Juris Éditions, Dalloz, p. 38.

historiques. Enfin, l'éventuel avis défavorable du propriétaire de l'immeuble ne peut pas empêcher l'inscription[1], c'est le préfet de région qui détient le dernier mot.

Le classement est une mesure de protection plus forte dans le sens où il faut que la conservation des immeubles « présente au point de vue de l'histoire ou de l'art, un intérêt public »[2]. Cela implique généralement la reconnaissance d'une qualité exceptionnelle ou au moins remarquable. Comme pour l'inscription, l'état de l'immeuble n'est pas un motif empêchant la reconnaissance d'un tel intérêt. Par contre, la décision de classement suppose nécessairement l'accord du propriétaire (qu'il soit privé ou public). À défaut, il s'agit d'un classement d'office[3], prononcé par décret en Conseil d'État, après avis de la Commission nationale de l'architecture et du patrimoine (CNPA).

Par ailleurs, si la conservation d'un immeuble est menacée, l'article L.621-7 du Code du patrimoine prévoit une mesure de protection d'urgence : l'instance de classement. Elle permet d'octroyer tous les effets du classement pendant un délai de douze mois afin de déterminer si une décision de classement, ou d'inscription, peut être prononcée.

Quoi qu'il arrive, la décision d'inscription (prise par arrêté du préfet de région) comme la décision de classement (prise par arrêté du ministre chargé de la Culture ou par décret) est susceptible de recours devant le juge administratif. Mais, il n'est pas possible de se prévaloir d'une exception d'illégalité.

---

[1] CE, 7 févr. 1992, req. n° 118488, Lebon T., p. 1127.

[2] Art. L.621-1 du Code du patrimoine.

[3] Seul le classement d'office peut donner lieu à une indemnité (lorsque les servitudes et obligations liées créent un préjudice direct, matériel et certain).

La protection au titre des monuments historiques produit plusieurs obligations dont une à l'origine même de la loi : l'obligation de conservation. Celle-ci est à la charge du propriétaire de l'immeuble protégé[1]. Il a donc l'interdiction de détruire ou de déplacer l'immeuble et est soumis à un régime d'autorisation pour toute modification, même pour un simple travail de restauration. Une obligation d'entretien pèse également, mais elle ne nécessite ni maîtrise d'œuvre spécifique, ni autorisation. Si le propriétaire est incapable de le faire, le Code du patrimoine met à disposition de l'État deux mécanismes. Le premier l'autorise à se charger lui-même des travaux[2], tandis que le deuxième lui permet de contraindre le propriétaire ou de substituer à lui lorsque la conservation de l'immeuble est gravement compromise[3]. Dès lors, le classement et l'inscription représentent le même type de protection bien que, l'ordonnance non ratifiée du 27 avril 2017[4] reconnaisse que le classement produit des effets plus contraignants.

Ces obligations ne sont pas limitées dans le temps puisque la protection au titre des monuments historiques est une mesure définitive perdurant même s'il y a un changement de propriétaire ou que l'immeuble protégé est dénaturé. Néanmoins, le Code du patrimoine prévoit qu'en cas de disparition de l'intérêt d'art ou d'histoire par destruction ou altération significative de l'immeuble ou de la partie d'immeuble protégée, il est possible de prononcer une radiation de l'inscription[5] ou un déclassement[6] en

---

1 Art. L.621-29-1 du Code du patrimoine.

2 Art. L.621-11 du Code du patrimoine.

3 L. Touzeau-Mouflard et A. Verjat, "La protection des monuments historiques", Juris Éditions, Dalloz, p. 57.

4 Ord. n°2017-651 du 27 avril 2017 relative aux immeubles et objets mobiliers classés ou inscrits au titre des monuments historiques.

5 Art. R.621-59 du Code du patrimoine.

6 Art. L.621-8 du Code du patrimoine.

suivant la règle du parallélisme des formes. Les conditions pour parvenir à un tel destin sont rarissimes car « un seul déclassement d'un immeuble protégé au titre des monuments historiques est intervenu au cours des cinq dernières années »[1] et il ne semble qu'aucun vestige de la Grande Guerre protégé ait pu être radié ou déclassé.

En conséquence, la protection au titre des monuments historiques est la plus contraignante et permet de manière durable de conserver qu'importe la qualité des vestiges, encore faut-il que cette protection leur soit attribuée (voir Chapitre 2).

La protection au titre des abords des Monuments historiques

Afin d'améliorer la protection susvisée, la loi du 25 février 1943[2] a créé la protection des abords des monuments historiques. Il s'agit d'une servitude d'utilité publique qui affecte « les immeubles ou ensembles d'immeubles qui forment avec le monument historique un ensemble cohérent ou qui sont susceptibles de contribuer à sa conservation ou à sa mise en valeur »[3]. En effet, il est plus opportun d'envisager la protection d'un espace, considéré comme un « écrin », autour du monument. Cette servitude s'applique automatiquement dès lors qu'un immeuble est classé ou inscrit.

Pour attacher une telle servitude, l'immeuble a longtemps dû répondre à deux critères. Le premier, dit "critère visuel", implique un champ de visibilité. En

---

[1] Ministère de la culture, Réponse n°00248 du 11/08/2022 à la question de M. Bruno Belin du 07/07/2022, JO Sénat, p. 4245.

[2] Loi du 25 février 1943, JO du 4 mars 1943, p. 610.

[3] Art. L.621-30 du Code du patrimoine.

d'autres termes, il fallait que l'immeuble soit visible depuis le monument ou qu'il soit visible en même temps que le monument. Le deuxième critère, dit "critère spatial", imposait une appartenance au périmètre de cinq cents mètres[1]. Ce procédé possédait toutefois des effets pervers puisqu'il s'appliquait uniformément à tous les monuments historiques sans prendre en compte leurs caractéristiques particulières et la configuration des lieux[2].

Mais, depuis la loi LCAP, ce mécanisme ne s'applique plus que par exception. Désormais, le périmètre en principe applicable est le "périmètre délimité des abords". Il s'agit de délimiter un périmètre spécifique autour du monument historique afin d'adapter « un tracé ajusté à chaque commune en fonction du bâti existant, de la topographie »[3] et de l'environnement. À défaut et de manière uniquement supplétive, le périmètre de cinq cents mètres s'applique aux immeubles situés dans le champ de visibilité du monument historique.

Le périmètre délimité des abords (PDA) constitue donc un principe heureux. Toutefois, sa mise en place dépend de l'action des pouvoirs publics qui choisissent d'établir un périmètre spécifique ou de laisser s'appliquer de manière automatique le périmètre de cinq cents mètres. En outre, comme aucune limite minimale ou maximale est imposée, ces mêmes pouvoirs publics doivent délimiter à bon escient

---

[1] L. Touzeau-Mouflard et A. Verjat, "La protection des monuments historiques", Juris Éditions, Dalloz, p. 92.

[2] L'automaticité du périmètre des 500 mètres a toutefois été assouplie par l'article 40 de la loi SRU du 13 décembre 2000 et l'ordonnance n°2005-1128 du 8 septembre 2005 qui ont permis d'adapter le périmètre, lors de son élaboration ou de sa révision, en désignant seulement les immeubles et espaces qui participent directement « de l'environnement du monument pour en préserver le caractère ou contribuer à en améliorer la qualité ».

[3] L. Touzeau-Mouflard et A. Verjat, "La protection des monuments historiques", Juris Éditions, Dalloz, p. 93.

et ne pas limiter à l'emprise du seul monument au risque d'altérer un système conçu pour être plus protecteur. À terme, l'objectif est que l'ensemble des abords des monuments historiques soit gouverné par des PDA.

La servitude des abords des monuments historiques permet à l'ABF[1] de contrôler que les travaux « susceptibles de modifier l'aspect extérieur d'un immeuble »[2] ne risquent pas de porter atteinte au monument historique. Dès lors, il en ressort une conception large des travaux : nouvelle construction, opérations de ravalement, transformation ou modification de façade, démolition, déboisement, etc[3]. De plus, l'accord de l'ABF a un caractère obligatoire, ce qui renforce considérablement la protection de l'espace autour du monument historique. Le pétitionnaire peut néanmoins saisir le juge administratif d'un recours contre la décision de l'ABF.

Dans le cadre des vestiges de la guerre 1914-1918, la protection au titre des abords des monuments historiques est aussi essentielle puisque leur environnement aide à leur compréhension et conservation. À titre d'exemple, l'entonnoir de mines de La Boisselle est d'abord entouré de champs d'agriculture, ce n'est qu'à six cents mètres que se trouve le village d'Ovillers-la-Boisselle. Cela permet de contextualiser le cratère dans son cadre d'origine, à savoir un champ de bataille durant la Bataille de la Somme de 1916, sans apercevoir au premier plan des constructions qui pourraient biaiser l'histoire.

Nonobstant, la protection au titre des monuments historiques et de leurs abords n'est pas la seule qui peut protéger les vestiges. D'autres législations existent, et bien

---

1 Architecte des bâtiments de France.

2 Art. L.621-32 du Code du patrimoine.

3 L. Touzeau-Mouflard et A. Verjat, "La protection des monuments historiques", Juris Éditions, Dalloz, p. 103.

que leur coercition soit certes plus faible, leur présence est quant à elle d'une grande importance.

II. L'importance des protections annexes

En vertu de la particularité patrimoniale des vestiges de la guerre 1914-1918, ceux-ci peuvent être protégés par d'autres législations que celle sur les monuments historiques. La protection des sites du Code de l'environnement (A) et le droit de l'archéologie (B) ont une grande part à jouer, tandis que la récente inscription au patrimoine mondial de cent trente-neuf sites funéraires et mémoriels du front ouest de la Première Guerre mondiale témoigne de l'importance de ce patrimoine (C).

Le recours progressif au Code de l'environnement : la protection des monuments naturels et sites

La protection du paysage ne date pas d'hier puisque la première loi consacrée aux sites et monuments naturels date du 21 avril 1906. La protection actuelle est opérée par la loi du 2 mai 1930 modernisée par la loi du 8 août 2016 pour la reconquête de la biodiversité, de la nature et du paysage[1]. Prévu par le Code de l'environnement, cette législation protège les monuments naturels et sites lorsque « leur conservation ou leur préservation présente, au point de vue artistique, historique, scientifique, légendaire ou pittoresque, un intérêt général »[2].

La circulaire du 30 octobre 2000 définit le monument naturel comme étant « un élément naturel isolé particulièrement remarquable et identifiable, occupant un espace restreint et bien circonscrit » (arbre, rangée d'arbres,

[1] L. n°2016-1087, JO du 9.

[2] Art. L.341-1 du Code de l'environnement.

grotte). Le site couvre donc un espace plus large comme l'illustre le classement, par arrêté du 26 février 2002, du champ de bataille des Éparges, situé sur les communes de Combres-sous-les-Côtes et de Les Éparges[1], qui s'étend sur soixante-cinq hectares.

Initialement conçue pour la protection des sites naturels, elle inclut aujourd'hui des « sites mixtes » incluant des éléments naturels et bâtis, et même des sites exclusivement urbains ou ne comportant que peu d'éléments naturels[2]. Par ailleurs, un immeuble compris dans un site inscrit ou classé au titre du Code de l'environnement est aussi susceptible d'une protection au titre des monuments historiques.

Cette législation au titre du Code de l'environnement n'est pas négligeable puisqu'elle emporte certaines conséquences pour les monuments naturels et sites classés. En effet, ceux-ci « ne peuvent ni être détruits ni être modifiés dans leur état ou leur aspect sauf autorisation spéciale »[3]. En outre, l'article L.341-11 du code suscité oblige à enfouir les réseaux électriques ou téléphoniques d'une tension inférieure à dix-neuf mille volts afin de ne pas dénaturer le site.

En revanche, l'inscription au titre du Code de l'environnement ne constitue pas une mesure de protection, mais plutôt un inventaire sans lourdes contraintes juridiques puisque l'ABF ne rend qu'un avis simple pour les demandes de travaux susceptibles d'affecter le site. Elle ouvre simplement droit à autoriser le préfet de région à subventionner les travaux d'entretien et de mise en valeur[4].

---

[1] Ministère de la transition écologique et solidaire, Fichier national des sites classés (mis à jour le 29 décembre 2019).

[2] H. Jacquot, F. Priet et S. Marie, "Droit de l'urbanisme", Paris, Éditions Dalloz, 9e. éd., 2022, p.705.

[3] Art. L.341-10 du Code de l'environnement.

[4] Art. R.341-14 du Code de l'environnement.

Mais, dans la pratique, le budget est faible et doit être concilié avec les besoins des sites classés.

Concernant les vestiges de la Grande Guerre, il faut d'abord préciser que « même après la publication de la loi de 1930, la protection au titre des sites n'est pas, ou exceptionnellement, utilisée pour protéger les vestiges de la guerre, notamment pour les champs de bataille qui s'étendent sur plusieurs hectares »[1]. En effet, la première protection au titre des sites des lieux de la guerre de 1914-1918 concerne le site du château de Mondement (Marne) en 1934[2]. Par la suite, la protection au titre des sites intervient de manière clairsemée comme en témoigne la protection du site du champ de bataille de Verdun en 1967, puis celle du champ de bataille des Éparges en 2002 et du champ de bataille de Bois-le-Prêtre en 2008. Plus récemment, cinq cent quatre-vingts hectares du champ de bataille de la Haute Chevauchée sont devenus un site protégé en 2018[3].

Il faut également relever que souvent des protections au titre des monuments historiques sont venues renforcer la protection au titre des sites. Cela a notamment été le cas pour les grottes de Chapeaumont et le champ de bataille de Verdun[4].

En parallèle, lorsque des vestiges sont découverts et que leur portée historique et patrimoniale n'est pas encore connue, seul le droit de l'archéologie est capable de leur offrir une protection.

---

[1] Ministère de la Culture, Inspecteurs des patrimoines (collège des Monuments historiques), "Première Guerre mondiale et monuments historiques", n° 2012-38, nov. 2012, p. 7.

[2] Ibidem.

[3] Fichier national des sites classés mis à jour le 29 décembre 2019.

[4] Ministère de la Culture, Inspecteurs des patrimoines (collège des Monuments historiques), "Première Guerre mondiale et monuments historiques", n° 2012-38, nov. 2012, p. 7.

Le droit de l'archéologie

Un imposant patrimoine archéologique compose le patrimoine de la Première Guerre mondiale. Le régime de ce patrimoine est encadré par le livre V du Code du patrimoine qui le définit notamment comme étant « tous les vestiges, biens et autres traces de l'existence de l'humanité, y compris le contexte dans lequel ils s'inscrivent, dont la sauvegarde et l'étude, notamment par des fouilles ou des découvertes, permettent de retracer le développement de l'histoire de l'humanité et de sa relation avec l'environnement naturel ».

Les fouilles peuvent être préventives[1] ou programmées[2]. Dans le premier cas, elles sont ainsi réalisées avant l'exécution de travaux d'une certaine importance, afin de constater la présence éventuelle de vestiges et d'en assurer la préservation. Tandis que dans le deuxième cas, elles sont motivées par des objectifs de recherche scientifique et nécessitent une autorisation préalable de l'État.

En parallèle, il existe également un autre cas de découvertes archéologiques, celui des découvertes fortuites. C'est lorsque, par suite de travaux ou d'un fait quelconque, des vestiges sont découverts par hasard. L'inventeur des vestiges – celui qui découvre – et le propriétaire de l'immeuble où ils ont été découverts sont tenus d'en faire une déclaration immédiate au maire de la commune[3]. D'autres obligations et contrôles s'y ajoutent afin de protéger les vestiges archéologiques.

De plus, les vestiges découverts fortuitement ou lors de fouilles peuvent être protégés temporairement par le régime de l'instance de classement (voir infra) ou de manière

---

[1] Art. L.521-1 du Code du patrimoine.
[2] Art. L.531-1 du Code du patrimoine.
[3] Art. L.531-14 du Code du patrimoine.

définitive par l'inscription et le classement au titre des monuments historiques.

Concernant les fouilles archéologiques relatives à la Première Guerre mondiale, le Musée de l'Armée indique que peu de fouilles programmées ont eu lieu, l'essentiel des découvertes résulte pour l'essentiel de fouilles préventives[1]. Celles-ci apportent majoritairement « des éclaircissements concrets sur la vie quotidienne des combattants, les pratiques funéraires bousculées par l'urgence de la situation et le nombre de morts, les vestiges des lieux de combat, de cantonnement, de détention »[2].

C'est le cas notamment des fouilles préventives sur la commune de Boult-sur-Suippe en amont de la construction d'un lotissement qu'environ cinq cent trente tombes et plus d'un millier d'objets personnels et militaires ont été mis à jour en 2016. Cette découverte archéologique a permis d'étudier la prise en charge des blessés et des défunts, du champ de bataille à la nécropole. On apprend ainsi que, sur le front français, les défunts sont enterrés avec leurs uniformes et leurs affaires personnelles, contrairement au règlement allemand, tandis que les blessés décédés à l'hôpital sont enterrés sans leurs affaires, et parfois avec un formulaire de décès dans une bouteille[3].

Cependant, il faut noter qu'il a été ardu de faire reconnaître l'archéologie de la Grande Guerre comme une véritable discipline archéologique. En effet, les premières confrontations ont d'abord été mal vécues par la profession archéologique, « peu préparée à une telle rencontre avec un

---

[1] Musée de l'Armée, *Un passé trop récent ? L'apport de l'archéologie : identifier les morts de la Grande Guerre,* Le département contemporain (1871-1945), Kakemono.

[2] Musée de l'Armée, *Un passé trop récent ? L'apport de l'archéologie : identifier les morts de la Grande Guerre,* Le département contemporain (1871-1945), Kakemono.

[3] Inrap, Chronique "Le cimetière allemand de Boult-sur-Suippe", publié le 2 mars 2016 et mis à jour le 7 juin 2019.

passé récent, surtout quand ces vestiges pléthoriques paraissent avoir bouleversé si ce n'est détruit des occupations plus anciennes »[1]. D'autant plus que la Première Guerre mondiale est un épisode historique bénéficiant d'une abondante documentation bibliographique et iconographique, sans oublier que les anciennes zones de front conservent précieusement un nombre rocambolesque de munitions encore actives freinant davantage l'intérêt des archéologues ; à l'exception de quelques-uns d'entre eux qui ont permis la reconnaissance de ce patrimoine archéologique.

L'inscription sur la liste du patrimoine mondial de cent trente-neuf sites funéraires et mémoriels du front ouest de la Première Guerre mondiale

La convention du 16 novembre 1972 concernant la protection du patrimoine mondial, culturel et naturel permet l'inscription de sites sur une liste déterminée et protégée par le Comité du patrimoine mondial[2]. L'inscription reconnaît une valeur exceptionnelle à des biens culturels, naturels ou mixtes, appelés sites. Sur les mille cent quatre-vingt-dix-neuf biens inscrits, cinquante-deux sont français. L'une des dernières date du 20 septembre 2023 et a eu pour but d'inscrire cent trente-neuf sites funéraires et mémoriels du front ouest de la Première Guerre mondiale. La décision d'inscription est le fruit d'un projet porté sur plusieurs années[3] et démontre de l'importance encore très actuelle du

---

[1] Yves Desfossés, Alain Jacques, Gilles Prilaux, L'archéologie de la Grande Guerre, Ouest-France Rennes, 2016, p.16.

[2] Composé de vingt et un représentants des États parties à la convention élus pour six ans.

[3] Ministère de la culture, communiqué de presse - Inscription de 139 sites funéraires et mémoriels de la Première Guerre mondiale (Front Ouest) sur la liste du patrimoine mondial de l'UNESCO, publié le 21 septembre 2023.

patrimoine de la Première Guerre mondiale, de sa transmission et de la reconnaissance de l'identité individuelle des soldats.

L'inscription sur la liste du patrimoine mondial impose aux États de protéger les sites inscrits par le biais d'outils juridiques nationaux. En France, elle a pendant longtemps été établie par des outils déjà prévus par les législations patrimoniales telles que la protection au titre des monuments historiques et la protection des abords des monuments historiques. Cela signifie qu'il n'y avait pas d'outil dédié pour ces biens ayant une valeur exceptionnelle. Mais, depuis la loi LCAP, modifiant l'article L.612-1 du Code du patrimoine, deux mécanismes ont été instaurés. Il s'agit de la zone tampon[1] et du plan de gestion qui permettent respectivement de soumettre à des restrictions juridiques une aire entourant le bien et d'assurer des mesures de protection, de conservation et de mise en valeur, pour les générations actuelles et futures.

Toutefois, il faut relever que certaines communes ont souhaité "se débarrasser" à grande vitesse des bunkers et autres vestiges de guerre, lors du projet de classement des sites, en raison de leur crainte de voir les terrains perdre leur valeur et ainsi de plus pouvoir les vendre comme terrains à bâtir[2]. Le cadre juridique ainsi posé permet désormais d'observer l'étude de sa mise en œuvre.

---

[1] La zone tampon est constituée de trois espaces : l'environnement immédiat, les perspectives visuelles importantes, aires ou attributs ayant un rôle fonctionnel important en tant que soutien apporté au bien et à sa protection.

[2] Propos du collectionneur Jean-Paul De Vries rapporté par I. Masson-Loodts, *Les paysages en bataille*.

Chapitre 2 : Un cadre juridique peu mis en œuvre dans le processus de conservation des vestiges

Passer en revue les différents outils d'urbanisme et législations qui peuvent s'appliquer à la protection des vestiges de la Première Guerre mondiale ne serait pas pertinent sans les déterminer concrètement. Dès lors, il convient d'analyser l'évolution des protections (Section 1) avant de s'intéresser plus particulièrement au cas des champs de bataille (Section 2), bien que le cadre juridique mis à disposition de ce patrimoine soit peu mis en œuvre. Puis, il sera pertinent d'étudier les conséquences environnementales résultant de la conservation des vestiges (Section 3).

Section 1 : Intégration éparse des vestiges au sein du patrimoine culturel

La protection et conservation des vestiges de la guerre 1914-1918 commence durant la guerre et continue durant l'entre-deux guerres en mémoire de cette terrible période. Ils sont essentiels (I), pourtant pratiquement au cours de la même période, d'autres immeubles sont protégés alors qu'ils viennent d'être édifiés : les monuments aux morts ; d'où l'intérêt de les comparer (II).

I. Les vestiges de la Grande Guerre, souvenirs matériels essentiels

Dès le début de la guerre, le sort des ruines et des vestiges fait l'objet d'une certaine considération puisqu'ils représentent incontestablement des souvenirs matériels pouvant entretenir la mémoire. Cependant, cristalliser des vestiges et des ruines suppose la réunion de plusieurs facteurs, sans quoi il n'y aurait pas ou peu d'intérêt de le faire (A). De surcroît, cette considération ne reflète pas le nombre réel de vestiges conservés aujourd'hui (B).

La cristallisation de certaines ruines en mémoire de la guerre

« Les ruines [...] témoignent de la guerre, de sa conduite, mais aussi des souffrances vécues par les militaires et les populations civiles. De l'artiste officiel rattaché aux armées au simple citoyen non mobilisé, en passant par le soldat anonyme, tous ont évoqué pendant la Première Guerre mondiale les destructions matérielles, les paysages désolés, la terre bouleversée par l'artillerie » [1].

Constituant un écroulement partiel ou total d'un bâtiment, la ruine peut revêtir différentes formes lorsqu'elle résulte d'une guerre. Il peut s'agir de « murs percés par un obus ou grêlés par des éclats, planchers effondrés, étages mis à nu par la disparition d'une façade, conduits de cheminées ou mobiliers restés seuls en place »[2], etc. Qu'importe le lieu ; c'est-à-dire qu'une zone urbaine comme une zone rurale ou bien encore des édifices peuvent être touchés ; la ruine porte les traces d'un événement violent et douloureux.

[1] E. Danchin, Le temps des ruines 1914-1921, Collection "Histoires", Presses universitaires de Rennes, p. 19.
[2] E. Danchin, Le temps des ruines 1914-1921, Collection "Histoires", Presses universitaires de Rennes, p. 30.

Définie comme ruine traumatique, elle détient une valeur historique inestimable. Il doit donc s'ensuivre une action logique, celle de « préserver la ruine telle quelle, pour éviter qu'elle ne devienne petit à petit une ruine lente, et que le message ne perde sa force initiale »[1]. Ce message est encore plus puissant lorsque la ruine est située dans un milieu urbain ; elle contraste avec le reste de l'aménagement urbain et interroge davantage le visiteur des lieux, entraînant ainsi une réflexion quant à l'histoire et au risque de sa reproduction. En d'autres termes, « une ruine au sein d'un espace urbain aménagé et soigné est plus choquante, pose plus de questions, qu'une ruine au milieu de friches urbaines. La discontinuité spatiale reflète alors la discontinuité temporelle du choc traumatique »[2].

Carte postale – Chauny (Aisne) – Ce qu'il reste d'une place après la retraite des Boches (mars 1917). Collection A. Carenjot

[1] A. Leblanc, "La conservation des ruines traumatiques, un marqueur ambigu de l'histoire urbaine", in L'espace géographique, éditions Belin, 2010, p. 253 à 266.
[2]Ibidem.

Pour autant, les éléments qui accompagnent et renseignent sur la ruine ont toute leur importance ; l'un ne va pas sans l'autre. Le Guide illustré Michelin des champs de bataille déclare déjà au début des années 1920 que « une ruine est plus émouvante lorsqu'on en connaît l'origine, tel paysage qui paraît terne à l'œil non averti se transfigure par le souvenir des luttes qui s'y sont livrées ».

Entretenir la mémoire de l'histoire ne suppose pas de montrer un élément matériel singulier dans une ville, surtout lorsque celui-ci n'existe plus. Le cas des villages détruits de la Meuse constitue un exemple concret. Ces derniers sont situés aux alentours de Verdun dans une relative proximité qu'il convient tout de même de traverser. Le lieu dissone parmi le reste, le visiteur qui ne connaît pas l'histoire de cet évènement peut facilement se douter qu'il s'est passé quelque chose[1], mais si aucun élément informatif ne lui est procuré, le rôle de la ruine ou de ses anciennes traces voit sa valeur nettement amoindrie. D'où l'obligation d'apporter des connaissances par des visites guidées, des panneaux pour se rendre véritablement compte de la violence traumatique de cet évènement, du choc subi par les soldats et les civils.

En outre, conserver des ruines suppose l'octroi de crédits afin de les entretenir. Dans le cas contraire, les ruines retourneront vers leur vocation normale, c'est-à-dire vivre au gré du passage du temps. Les masses disloquées continueront à se disloquer, la végétation envahira les ruines, le sol s'enfoncera. Elles n'auront plus aucune valeur d'où l'importance de leur apporter un travail délicat de conservation. Or, ce travail particulièrement coûteux est généralement mis de côté pour privilégier des questions

[1] Sont présents des panneaux avec des inscriptions telle que « village détruit », des petites chapelles ou encore des petits poteaux blancs qui représentent l'emplacement de bâtiments aujourd'hui détruits.

d'aménagement urbain plus actuelles. L'argument financier relègue souvent au second plan l'aspect mémoriel.

Une vingtaine de villages détruits[1] n'ont jamais été reconstruits, ils sont situés principalement dans les départements de la Meuse, de la Meurthe-et-Moselle, de la Marne et de l'Aisne. Certains d'entre eux sont protégés au titre des monuments historiques, c'est notamment le cas de neuf villages de la Meuse détruits durant la Bataille de Verdun en 1916 : Beaumont-en-Verdunois, Bezonvaux, Cumières-le-Mort-Homme, Douaumont, Fleury-devant-Douaumont, Haumont-près-Samogneux, Louvemont-Côte-du-Poivre, Ornes, Vaux-devant-Damloup.

Désignés comme impropres à l'habitation en raison du nombre de munitions et de corps enfouis dans le sol, l'État acquiert la zone (déclarée comme rouge) conformément à la loi du 17 avril 1919 sur la réparation des dommages matériels causés par les faits de guerre[2] afin d'indemniser les propriétaires et placer sous sa tutelle l'entretien des espaces boisés.

Néanmoins, en mémoire de ces neuf communes "Mortes pour la France"[3], leur existence administrative a été conservée et chacune est administrée par un maire. En effet, la loi du 18 octobre 1919 les dote d'une commission municipale composée d'un Président et de deux adjoints,

---

[1] "Première Guerre mondiale : ces 24 villages entièrement disparus", Le Parisien, publié le 10 novembre 2015.

[2] Art. 46 : "L'État devra se rendre acquéreur des immeubles, après tentative de conciliation si la remise en état du sol dépasse la valeur du terrain, déprécié dans son utilisation, en tenant compte, s'il y a lieu, de la dépréciation qui pourrait en résulter pour le surplus de l'immeuble, en cas d'acquisition partielle".

[3] La mention "Mort pour la France" est attribuée lorsqu'un décès est imputable à un fait de guerre, survenu pendant le conflit ou ultérieurement. Par extension, neuf communes ont reçu la mention "Mortes pour la France" afin de rappeler qu'elles ont été dévastées durant la Première Guerre mondiale.

désignés par le Préfet de la Meuse. Le Président détient le statut de maire et possède les mêmes prérogatives qu'un édile d'une commune habitée, à la seule exception qu'il ne peut pas voter aux élections sénatoriales. Aujourd'hui, six de ces communes sont encore administrées selon ce dispositif et sont adhérentes à la Communauté d'agglomération du Grand Verdun.

La mission principale de ces maires est avant tout d'entretenir le domaine public composé essentiellement d'une chapelle, d'un monument aux morts et de plaques commémoratives. Les anciennes maisons détruites sont symbolisées par des bornes tandis que les anciennes rues sont matérialisées par des allées de petits poteaux blancs.

Le maire de Fleury-devant-Douaumont dispose d'un budget annuel de vingt-deux mille euros dont la moitié est uniquement consacrée à la tonte de l'herbe afin que les trous d'obus soient les plus visibles pour les touristes[1].

Leur rôle participe aussi à entretenir la mémoire comme le souligne le maire de Louvemont-Côte-du-Poivre : « Il faut garder l'âme des villages détruits et qu'ils restent en état pour avoir suffisamment de preuves à montrer pour les jeunes générations »[2].

Les trois autres communes sont dotées d'un conseil municipal et d'un maire élu car elles comptent quelques habitants. Ornes et Douaumont détiennent respectivement cinq et huit habitants en 2013 tandis que Vaux-devant-Damloup, en raison de sa position à la limite de la zone habitable, un nouveau village à l'est de l'ancien comprend soixante-dix habitants[3].

---

[1] France 24, "Villages morts pour la France : ces maires sans habitants", publié le 13 février 2014.

[2] Ibidem.

[3] Ministère de l'Intérieur et des Outre-mer, "Les communes tombées pour la France", Archives des dossiers, publié le 6 février 2017.

Plus récemment, c'est le village du vieux Craonne dans l'Aisne qui a été inscrit au titre des monuments historiques par un arrêté du 17 mars 2003 en raison de sa valeur de village martyr sur le Chemin des Dames, emblème de l'échec militaire de l'offensive de 1917 et lieu de l'apparition des mutineries ("la chanson de Craonne")[1]. Pour autant, les quelques villages détruits et vestiges cristallisés suffisent-ils à assurer la conservation de ce patrimoine ?

Un patrimoine insuffisamment protégé

En 2012, l'Inspection des patrimoines du Ministère de la Culture nous apprend par le biais de son rapport "Première Guerre mondiale et monuments historiques" que sur les quarante-deux mille sept cent soixante-dix-neuf immeubles protégés au titre des monuments historiques, seuls cent vingt-deux sont relatifs à l'histoire de la Première Guerre mondiale. Cela représente à peine 0,3 % alors que cet événement historique a profondément marqué la France dans son paysage urbain et naturel.

Le bilan de la protection au titre des monuments historiques, publié le 1er janvier 2023, indique quant à lui que sont désormais protégés quarante-quatre mille neuf cent vingt immeubles. Seulement 4% d'entre eux ont une architecture militaire. Cela signifie que ce faible pourcentage est encore bien plus dérisoire s'il est rapporté seulement aux vestiges de la Grande Guerre.

Pour autant, il a le mérite d'exister. Surtout qu'une imposante liste d'éléments le compose : champs de bataille, tranchées, postes de commandement, observatoires,

---

[1] Ministère de la Culture, Inspecteurs des patrimoines (collège des Monuments historiques), "Première Guerre mondiale et monuments historiques", n° 2012-38, nov. 2012, p. 29.

galeries souterraines, blockhaus[1], emplacements de pièces d'artillerie, entonnoirs[2], ruines d'édifices, et villages en ruine. Le patrimoine relatif à la guerre de 1914-1918 est particulièrement riche et possède une grande valeur en comportant de telles traces de l'histoire. L'État s'en rend assez vite compte puisque, dès la fin de la guerre, des protections au titre des monuments historiques sont accordées à des vestiges.

La première date du 1er septembre 1920. « Elle concerne à Zillisheim (Haut-Rhin) la plate-forme de tir d'artillerie du canon allemand de 380 qui mitraillait Belfort »[3].

« Suivent 5 arrêtés de protection signés en 1921, 16 en 1922, 1 en 1923, 2 en 1924, 1 en 1931, 1 en 1934, 3 en 1937 et 1 en 1943 »[4]. Ils concernent globalement des abris militaires tels que le fort de la Pompelle et ses abords à Puisieulx par un arrêté du 27 mars 1922 et deux blockhaus à Ville-Dommange par un arrêté du 30 janvier 1922 ; des emplacements d'artilleries comme la plate-forme d'artillerie au lieu-dit Noue-Ramon à Semide par un arrêté du 12 septembre 1922 ; et des lieux violents de combats comme la Cote 108 et ses abords à Berry-au-Bac par un arrêté du 11 juillet 1937.

Au total, vingt-sept protections relatives aux vestiges de la Grande Guerre sont prises avant la Seconde Guerre

---

1 Ouvrage militaire défensif, fortifié de béton (allemand de block → bloc et haus "maison").

2 Excavation produite par une explosion. Ce nom peut aussi désigner un trou d'obus particulièrement large.

3 Ministère de la Culture, Inspecteurs des patrimoines (collège des Monuments historiques), "Première Guerre mondiale et monuments historiques", n° 2012-38, nov. 2012, p. 6.

4 Ministère de la Culture, Inspecteurs des patrimoines (collège des Monuments historiques), "Première Guerre mondiale et monuments historiques", n° 2012-38, nov. 2012, p. 6.

mondiale[1]. Ce n'est pas beaucoup, mais au vu du contexte économique et moral de reconstruction, il s'agit d'un joli nombre.

D'autant plus, que plusieurs protections concernent des ruines supposant donc un entretien rigoureux, et un état de dégradation plus ou moins important dont le maintien peut être garanti. La majorité d'entre elles concerne des églises comme celles de Mont-Saint-Eloi (Pas-de-Calais) par un arrêté du 8 juin 1921 et de Leimbach (Haut-Rhin) par un arrêté du 26 février 1924. Il arrive également que des édifices antérieurement classés le demeurent malgré leur état de ruine comme, par exemple, l'église d'Ablain-Saint-Nazaire (Pas-de-Calais) classée par un arrêté du 20 juillet 1908[2]. Or, après la fin de la guerre 1939-1945, le nombre évolue étonnamment peu et de manière éparse puisque comme dit antérieurement, il ne s'élève qu'à cent vingt-deux à la veille du centenaire de la Grande Guerre. Le nombre des protections apparaît alors dérisoire et ne permet pas d'assurer une conservation durable des vestiges présents sur toute la ligne de front. Conserver l'intégralité des vestiges n'est, d'une part, pas possible, et d'autre part, ne serait absolument pas pertinent, mais une augmentation de protections améliorerait nettement le futur de ce patrimoine. Celle-ci tarde à venir puisqu'en 2012, le rapport de l'Inspection des patrimoines informe que « d'après les sondages réalisés auprès des chargés d'études documentaires, les demandes formalisées de protections ne

[1] Ministère de la Culture, Inspecteurs des patrimoines (collège des Monuments historiques), "Première Guerre mondiale et monuments historiques", n° 2012-38, nov. 2012.
[2] Ibidem.

sont pas si nombreuses »[1]. Plus de dix ans après, le constat semble pouvoir être réitéré[2]. En outre, les nouvelles protections sont majoritairement liées à législation du Code de l'environnement (sites classés).

Il faut tout de même saluer le travail accompli car bien qu'elles ne soient pas assez nombreuses, les protections s'attachent à des vestiges variés : des champs de bataille, des ouvrages fortifiés tels que le fort de Douaumont[3] (Meuse), des carrières souterraines comme celle de Chapeaumont à Berny-Rivière (Aisne), des tranchées, des postes de secours, des ruines d'édifices, etc. ; cela mène vers une relative complémentarité et homogénéité.

Le rapport encourage également l'accroissement des protections relatives aux vestiges de guerre en avançant des propositions de méthodologie pour initier ou examiner de futures demandes de protection. Parmi elles, il est notamment suggéré de se référer aux listes établies par la section vestiges et souvenirs de guerre de la Commission des monuments historiques[4]. Néanmoins, le conseil le plus essentiel est assurément le critère d'authenticité qui peut être évalué par des historiens et des archéologues.

La valeur des témoignages des vestiges dans l'histoire de la Grande Guerre n'est plus à refaire, mais il faut inciter et poursuivre leur conservation. Le chemin ne semble pas

---

[1] Ministère de la Culture, Inspecteurs des patrimoines (collège des Monuments historiques), "Première Guerre mondiale et monuments historiques", n° 2012-38, nov. 2012.

[2] Le ministère de la Culture n'a pas publié de nouveaux rapports sur les protections de la Première Guerre mondiale et il ne semble pas que des organismes extérieurs l'aient fait. Il n'y a donc aucun chiffre officiel récent sur le sujet.

[3] Classé MH 25/11/1970 conçu selon le système Séré de Rivières, 1885, puis renforcé, 3 étages de galeries et de casemates, pris par les allemands le 25/02/1916, repris par les français le 24/10/1916.

[4] N'ayant pas accès à ces listes, il est difficile de constater si cette préconisation a porté ses fruits depuis la publication du rapport.

entièrement parcouru, d'autant plus qu'il est observé que les monuments aux morts disposent d'une protection plus renforcée ces dernières années.

II. Comparaison avec les monuments aux morts, édifiés dans un but de mémoire

Les monuments aux morts partagent un point commun avec les vestiges conservés d'une guerre : perpétuer la mémoire. Mis à part, ce sont deux types d'immeubles distincts. Pourtant, quelques monuments aux morts reçoivent une protection en même temps que les vestiges (A) alors que leur édification vient parfois tout juste d'être terminée. Cela peut interroger, d'autant plus que les monuments aux morts deviennent rapidement des ouvrages publics communaux, bénéficiant alors d'un régime juridique protecteur (B).

Une protection établie concurremment avec celle des vestiges

Les premières protections au titre des monuments historiques s'attachent principalement à reconnaître la valeur remarquable de vestiges militaires comme en témoigne la protection d'un ancien abri allemand dit du Kaiser (qui aurait abrité à plusieurs reprises l'ancien empereur allemand Guillaume II) par arrêté du 22 décembre 1921, ou bien encore la protection du Fort de la Pompelle par arrêté du 27 mars 1922. Toutefois, il est remarqué qu'avant même la Seconde Guerre mondiale, trois monuments commémoratifs sont déjà protégés au titre des monuments historiques. Il s'agit :

- Du Monument dit "Tranchée des Baïonnettes" à Douaumont (Meuse), classé le 6 mai 1922, tranchée où ont été ensevelis lors du bombardement du 12 juin 1916 les hommes de 2 compagnies du 137ème Régiment d'Infanterie ;

- Du Monument des écossais au Brisquet à Buzancy (Aisne), classé le 26 juin 1922, érigé le 10 août 1918 par la 17ème division du Génie français en hommage à la 51ème division écossaise ayant combattu dans le secteur ;
- Du Monument dit des Fantômes à Oulchy-le-Château (Aisne), classé le 31 juillet 1934, monument national à la mémoire de la deuxième victoire de la Marne.

Or, un monument commémoratif n'est pas un vestige. Pour autant, la distinction factuelle entre le vestige et le monument commémoratif n'empêche pas l'existence d'un lien puissant entre les deux puisque le second entretient la mémoire de ceux qui ont utilisé le premier. Cela peut expliquer pourquoi les premières mesures de protection intègrent le domaine de la commémoration.

En 2012, dans son rapport intitulé “Première Guerre mondiale et monuments historiques”, l'Inspection des patrimoines du Ministère de la Culture dresse le bilan des protections relatives au patrimoine de la guerre de 1914-1918. Elle fait le choix d'y intégrer les monuments commémoratifs dans son acceptation la plus large, c'est-à-dire en comprenant les monuments aux morts. Il en ressort que sur « les 122 monuments historiques protégés relatifs à l'histoire de la guerre, 44 sont des monuments aux morts »[1]. Le constat est sans appel. A la veille du centenaire de la Grande Guerre, le très faible patrimoine protégé est

---

[1] Ministère de la Culture, Inspecteurs des patrimoines (collège des Monuments historiques), “Première Guerre mondiale et monuments historiques”, n° 2012-38, nov. 2012.

composé d'un peu plus d'un tiers de monuments aux morts, ce qui témoigne de leur importance.

L'histoire de l'entre-deux-guerres la reflète. Déjà durant la guerre, l'édification de monuments aux morts est fortement incitée. La création de l'association "La Reconnaissance nationale" par l'écrivain Jean Ajalbert ainsi que son ouvrage "Comment glorifier les morts pour la patrie", publié en 1916, témoignent de la volonté de glorifier les héros morts pour la France. Si cette glorification passe d'abord par l'octroi de sépultures décentes pour les proches des familles, cela n'est pas suffisant. Le monument aux morts permet d'offrir aux familles un lieu de recueillement digne de la gloire et du martyre de ces héros car « sur les quelques 750 000 corps identifiés, 300 000 ont été rendus à leurs familles, les autres reposent en nécropole ou dans un carré militaire »[1] peu accessibles pour des familles modestes ne vivant pas aux alentours.

La tombe du soldat inconnu, placée sous l'Arc de Triomphe depuis le 11 novembre 1920, opère une commémoration collective qui permet le deuil de tous puisqu'elle représente l'ensemble des soldats décédés au cours de la Grande Guerre. Cependant, « Paris n'est pas la province et le monument aux morts communal permet cette héroïsation, empêche l'oubli et soude la communauté »[2]. Les discours d'inauguration rappellent cette vocation : « A la mémoire de ceux que le tocsin arracha à leurs familles, qui connurent les affres de la faim, le tourment de la soif, la

---

[1] C. Ravier, Les Monuments aux morts de la Marne, une pédagogie de la mémoire, dans Guerre et Paix en Champagne-Ardenne et ailleurs (1914-2014) Quels patrimoines ?, p. 84.

[2] C. Ravier, Les Monuments aux morts de la Marne, une pédagogie de la mémoire, dans Guerre et Paix en Champagne-Ardenne et ailleurs (1914-2014) Quels patrimoines ?, p. 84.

morsure du froid pendant les terribles heures qu'ils vécurent dans les tranchées, […] la France meurtrie et reconnaissante érige des monuments qui feront se souvenir les générations futures si un jour l'aile de l'oubli venait à les frôler »[1].

C'est pourquoi, la plupart des communes ont ressenti le besoin d'édifier leur propre monument aux morts pour honorer leurs combattants morts. Leur édification n'a pas posé de conflit, mais elle a pu par la suite être soumise à des réaménagements urbains et déplacements. Dans l'ensemble, leur valeur est incontestable, d'où la poursuite de leur protection comme en témoigne l'inscription au titre des monuments historiques du monument aux morts de Serquigny (Eure), situé près de l'église, par un arrêté du 2 mai 2023[2]. Et puis, en plus de leur protection par le Code du patrimoine, les monuments aux morts bénéficient d'un autre régime juridique protecteur.

Ouvrages publics communaux bénéficiant d'un régime juridique protecteur

D'abord initiative privée, l'édification des monuments aux morts passe finalement aux mains de l'État qui supervise juridiquement notamment par le biais de la loi du 25 octobre 1919 sur la commémoration et la glorification des morts pour la France au cours de la Grande Guerre. Dès lors, la construction de chaque monument aux morts doit être précédée par le dépôt d'un dossier devant être autorisé par une commission départementale, qui veille à la valeur artistique de chaque monument. La commune d'Avenay fait ainsi partie des nombreuses communes voyant son premier projet refusé : « Dans sa séance du 23 décembre 1920, la

---

[1] Discours du Général Gouraud lors de l'inauguration du monument de Rilly-la-Montagne, L'Éclaireur de l'est, édition du lundi 28 août 1922.
[2] Liste des immeubles protégés au titre des monuments historiques en 2023, JORF n°0176 du 25 juillet 2024.

Commission d'examen a l'avis que l'ornement supérieur au-dessus de la stèle fera mauvais effet étant en relief au lieu d'être en rond-de-bosse [sic], il y aurait lieu de le supprimer, l'effet serait meilleur »[1].

En ce qui concerne le financement des monuments aux morts, l'article 5 de la loi suscitée pose le principe d'une subvention pour toutes les communes qui en feront la demande. La subvention sera accordée « en proportion de l'effort et des sacrifices qu'elles feront en vue de glorifier les héros morts pour la patrie ». Toutefois, au vu de l'ampleur du phénomène, la loi de finances du 31 juillet 1920 confie aux préfets l'attribution des subventions qui sont accordées proportionnellement au nombre de soldats décédés dans la commune et au nombre total d'habitants[2]. En outre, la pratique révèle que ce sont davantage les dons des particuliers et les souscriptions publiques qui participent aux financements.

Le choix de l'emplacement du monument aux morts constitue le seul point de friction. Le débat oppose « ceux qui préconisent un lieu central, à la vue de tous et adapté à une fonction pédagogique, et ceux qui préfèrent un endroit éloigné des bruits et des passages de la vie quotidienne, plus propice au recueillement »[3]. En général, les emplacements les plus courants sont près de l'église et de la mairie. Ils occupent ainsi une place centrale au sein des communes. Néanmoins, cette place se fond de plus en plus dans l'espace urbain jusqu'à disparaître de nos yeux.

---

[1] Parc naturel régional de la Montagne de Reims, "Les Monuments aux Morts de la Grande Guerre dans le Parc naturel régional de la Montagne de Reims", 2006, p. 8.

[2] Parc naturel régional de la Montagne de Reims, "Les Monuments aux Morts de la Grande Guerre dans le Parc naturel régional de la Montagne de Reims", 2006, p. 10.

[3] L. Jalabert, R. Marcowitz et A. Weinrich, La longue mémoire de la Grande Guerre, Regards croisés franco-allemands de 1918 à nos jours, 2017.

Mémorial de Verdun. Photographie personnelle.

Le monument aux morts fait partie du paysage des communes au même titre que la mairie, l'église ou bien encore l'école. On en compte aujourd'hui plus de quarante mille, dont les trois quarts ont été érigés entre 1918 et 1925[1]. Il représente donc le monument le plus fréquent en France. Et il arrive encore exceptionnellement qu'un monument aux morts soit érigé dans une commune, tel a été le cas à Saint-Sériès en 2022 qui rend ainsi hommage aux six poilus de la commune décédés[2].

Par conséquent, les monuments aux morts sont bien plus abondants par rapport au nombre de vestiges conservés. Cela amène alors à s'interroger : ne faudrait-il pas dissocier

---

[1] Parc naturel régional de la Montagne de Reims, "Les Monuments aux Morts de la Grande Guerre dans le Parc naturel régional de la Montagne de Reims", 2006, préface de D. Lévêque.

[2] E. Deshayes, "Du jamais vu depuis 1936" un petit village de l'Hérault érige enfin un monument aux morts à ses poilus de 14-18, France 3 Occitanie, publié le 5 nov. 2022.

la protection du patrimoine de la guerre 1914-1918 en deux catégories au lieu de les envisager ensemble ? Le faire permettrait sûrement de plus prendre conscience de la fragilité de conservation des vestiges davantage vouée à disparaître au fil du temps. D'autant plus que les vestiges de la Grande Guerre ne bénéficient pas unanimement d'une mesure de protection, ils ne peuvent pas être correctement et régulièrement entretenus contrairement aux monuments aux morts qui profitent d'une obligation d'entretien même s'ils ne sont pas protégés.

En effet, ils ont la qualité d'ouvrages publics communaux[1] pour lesquels est imposée une obligation d'entretien reposant sur l'article L.2224-17 du Code général des collectivités territoriales (CGCT). Autrement, la responsabilité d'une commune peut être engagée. La cour administrative d'appel de Bordeaux[2] a ainsi tenu pour responsable la commune de Martignas-sur-Jalle suite au basculement de la stèle d'un monument aux morts.

En outre, le rapport de l'Inspection des patrimoines de 2012 encourage à mener une campagne de protection des monuments commémoratifs. L'objectif a été atteint puisque le nombre de monuments aux morts protégés au titre des monuments historiques serait approximativement de deux cent quarante-huit[3] pour l'année 2024.

Aucun constat officiel ou rapport n'indique le nombre de protections actuelles concernant uniquement les vestiges de la Première Guerre mondiale, il faut donc espérer que ce même rapport ait poussé à protéger autant ces derniers. Et

---

[1] CAA Bordeaux, 13 déc. 2005, Mlle X. c/ Commune de Martignas-sur-Jalle, req. n°02BX01345; CA Besançon, 3 oct. 2001, Pregaldiny c/ Commune de Crans, req. n°99/02276.

[2] CAA Bordeaux, 13 déc. 2005, Mlle X. c/ Commune de Martignas-sur-Jalle.

[3] Estimation effectuée, en août 2024, à partir de recherches personnelles réalisées à partir de la plate-forme de données ouvertes du ministère de la Culture (data.gouv.fr).

puis, il y a lieu de relativiser le nombre de protections au titre des monuments historiques des monuments aux morts par rapport à leur nombre total : les unités de mesure n'ont aucunement les mêmes échelles. Il est par exemple impossible de protéger des centaines de champs de bataille.

Section 2 : Le cas particulier des champs de bataille

Comme expliqué antérieurement, une partie des vestiges de la Première Guerre mondiale fait l'objet d'une mesure de protection législative. Celle-ci peut avoir une nature différente en fonction de l'état de dégradation, de l'intérêt historique ou encore de la qualité du vestige. Cette affirmation est d'autant plus vraie lorsqu'elle concerne les champs de bataille, immeubles insolites à conserver (I), d'où le fait que les diverses législations peuvent se superposer ou s'alterner (II).

I. Des immeubles insolites à conserver

Les champs de bataille sont des immeubles insolites à conserver car dès la fin de la guerre, ils ont été scrupuleusement étudiés afin de délimiter les zones considérées comme rouges en fonction de leur état (A). Et, leur conservation peut sembler insensée, du fait du caractère éphémère qui leur est initialement attaché (B).

La délicate délimitation de zones rouges au lendemain de la guerre

La définition du champ de bataille est introduite rien que dans son intitulé. Il désigne le terrain où se livre la bataille. La guerre de 1914-1918 a la particularité d'être une guerre de tranchées, c'est-à-dire une guerre des positions s'opposant à une guerre de mouvement où les unités se déplacent rapidement sans avoir de front fixe. Chacune des armées dispose d'un réseau d'au moins trois lignes parallèles en zigzag fortifiées (tranchées) qui se font face, séparée par un *no man's land* (terre sans homme), dans lesquelles une défense sans pitié est mise en place.

Il n'est donc pas un vestige comme les autres. Au-delà de sa dimension symbolique, il forme un immeuble singulier où on distingue des détails dans le sol et l'absence d'un quelconque monument architectural. Il faut effectivement bien se rendre compte que les différentes batailles de la guerre ont laissé derrière elles un paysage lunaire.

Tranchée du Bois des Caures 1915 - Lieutenant-colonel Driant.
Collection Famille Driant

En parallèle, l'expression "en bataille" au sens figuré signifie mis en désordre, et c'est véritablement la description qui peut être affectée au champ de bataille car bien qu'il ne reste que des ruines à certains endroits, la guerre se manifeste encore, notamment par les munitions enfouies dans le sol et les cadavres ensevelis.

C'est pourquoi la loi du 17 avril 1919 sur les dommages de guerre détermine un zonage et une définition légale et administrative de l'état de dégradation des régions touchées par la guerre. Appelées zones rouges, elles sont identifiées à l'aide d'une cartographie nommée la Carte spéciale des régions dévastées qui est réalisée sur le fond topographique de la carte d'état-major. Le législateur a instauré trois catégories de zones rouges[1] :

- La première groupe les terrains « susceptibles d'être remis en état de culture plus ou moins complète et destinés, en principe, à être rétrocédés à des particuliers, tous travaux de désobusage, destruction des projectiles et enlèvement des réseaux de fils de fer préalablement exécutés par l'État » ;
- La deuxième, les terrains « non susceptibles d'être remis en culture et destinés à être boisés, en vue de la reconstitution des forêts domaniales » ;
- La troisième, la plus petite, les terrains « destinés à être classés comme vestiges de guerre, ou transformés en camps d'instruction militaire ».

Peuvent être cités respectivement pour chaque catégorie en commençant par la première, les terres agricoles de Confrécourt, la forêt domaniale de Verdun et le camp militaire de Suippes.

Le classement des zones de première et seconde catégorie est soumis à l'avis favorable des maires des communes concernées alors que celui de la troisième

---

[1] J.-P. Amat, *Les Forêts de la Grande Guerre de 1815 à nos jours*, Presses Sorbonne Université.

catégorie est acquis sur la simple demande des deux ministres, de l'Instruction publique et des Beaux-Arts pour les sites de mémoire, de la Guerre pour les camps militaires[1]. La superficie totale de la zone rouge est estimée à cent soixante-dix-huit mille cinq cent onze hectares en 1918 par le ministère de l'Agriculture pour ensuite se stabiliser à cent seize mille sept cent quatre-vingt-quatorze hectares en 1922 par le ministère des Régions libérées. La seconde catégorie s'étend sur cinquante-sept mille hectares en 1923 puis se stabilise à quarante-huit mille hectares en 1927[2].

Une fois la délimitation stabilisée, la question de la conservation des champs de bataille est devenue pressante, mais surtout peu évidente à installer.

La difficulté de conserver un bien censé être éphémère

Le champ de bataille n'est pas un bien immeuble comme les autres, et mettre en place sa protection est délicat. L'Inspection des patrimoines l'affirme elle-même dans l'introduction de son rapport : « La question de la protection des champs de bataille est complexe mais elle se pose bel et bien. Comment y répondre ? »[3]. En effet, il n'est pas prévu pour durer dans le temps. Une guerre peut durer certes quelques mois ou plusieurs années, mais elle reste éphémère. Un entonnoir représente une défense accessoire pour piéger l'ennemi, une tranchée permet de se protéger des tirs, un blockhaus abrite les soldats et leur armement.

---

[1] J.-P. Amat, *De la zone rouge au camp militaire : patrimoine mémoriel et naturel*, in "1919 : De la paix aux reconstructions dans la Marne", Journées d'étude 5 & 6 décembre 2019 Tinqueux-Suippes, p. 239 à 253.

[2] Ibidem.

[3] Ministère de la Culture, Inspecteurs des patrimoines (collège des Monuments historiques), "Première Guerre mondiale et monuments historiques", n° 2012-38, nov. 2012, p.4.

Or, nous ne sommes plus en guerre, nous n'avons plus besoin de s'abriter, de se défendre, de se terrer. Il est donc paradoxal de conserver des immeubles qui étaient initialement prévus pour disparaître, et qui s'étendent parfois sur plusieurs centaines d'hectares. Une évolution, qu'importe laquelle, est vouée à arriver et l'authenticité n'est pas forcément la carte recherchée. Les neuf cent onze hectares protégés du champ de bataille de Verdun ont effectivement été boisés afin de permettre leurs conservations.

À noter, la protection des champs de bataille de la Première Guerre mondiale n'est pas un cas propre, des champs de batailles d'autres conflits sont également protégés au titre des sites. Parmi eux, le champ de bataille de la Bataille de Bouvines[1], importante dans l'histoire de France, dont deux mille huit cent trente-quatre hectares ont été protégés, le 25 juillet 2014. Le paysage actuel offre « la meilleure évocation de la bataille »[2] car il est toujours un plateau agricole, qui à l'époque permettait d'organiser de grands rassemblements.

Plus en amont encore, le champ de bataille de la Bataille de Valmy, remportée le 20 septembre 1792 par l'armée française face aux troupes prussiennes, est classé depuis le 3 septembre 1957. Ici, il a été fait le choix de protéger le Moulin de Valmy et ses abords, comprenant un terrain de forme carrée de deux cents mètres de côté ayant pour centre

---

[1] A l'issue de cette bataille, remportée le 27 juillet 1214, le roi Philippe-Auguste abandonne son titre de roi des Francs pour celui de roi de France. Sa victoire sera considérée comme celle de la royauté sur la féodalité, à l'origine de l'État-Nation centralisé.
Le site classé recouvre plusieurs communes des Hauts-de-France : Anstaing, Baisieux, Bourghelles, Bouvines, Camphin-en-Pévèle, Chéreng, Cysoing, Fretin, Gruson, Louvil, Sainghin-en-Mélantois et Wannehain.

[2] DREAL Hauts-de-France, Le champ de bataille de Bouvines et ses abords, site classé en 2014.

le Moulin et dont les côtés sont orientés Nord-sud et Est-ouest[1]. Ce sont ainsi des éléments en lien avec des événements de la bataille qui ont été sélectionnés dans un périmètre rapproché – le moulin semblable à l'original (détruit sur l'ordre du général Kellermann), une chapelle commémorative et deux monuments commémoratifs – pour constituer le site.

Dès lors, il est intéressant de constater que ce n'est pas le champ de bataille à proprement parler qui est protégé, mais des ouvrages architecturaux ou un style de paysage rappelant son existence. Le caractère éphémère de l'événement ne semble pas être un sujet pour décider de le protéger, encore moins le fait de produire une reconstitution.

En parallèle, la conservation des champs de bataille implique un certain intérêt de la part de la population. En effet, la fréquentation de ces lieux a un certain rôle à jouer dans le maintien de la mémoire et de la conservation des vestiges. Toutefois, il s'incline largement devant la fréquentation des musées nationaux sous tutelle du ministère de la Culture, ajouté au fait que ce sont les lieux de mémoire abordant la Seconde Guerre mondiale qui attirent la plus grande majorité des visiteurs (81% des visiteurs étrangers et 85% de l'ensemble des visiteurs français et étrangers)[2]. Mais, la Première Guerre mondiale intéresse toujours les visiteurs puisque l'ossuaire de Douaumont, situé au sein du champ de bataille de Verdun, est le site le plus fréquenté des dix hauts lieux de la mémoire nationale.

---

[1] Ministère de la transition écologique et solidaire, *Fichier national des sites classés*, mis à jour le 29 décembre 2019, pp-62.

[2] Ministère des Armées, *Avec la fin des restrictions sanitaires, la fréquentation des lieux de mémoire des conflits contemporains bondit en 2022,* Observatoire économique de la Défense.

L'intérêt est ainsi bien présent, plus qu'il ne pourrait être pensé ; il n'a pas cessé d'exister depuis la fin du conflit ; c'est pourquoi plusieurs législations se chargent de sa conservation.

II. Alternance et superposition entre les législations spécifiques

Dès l'entre-deux guerres, une protection est accordée aux champs de bataille afin d'assurer leur conservation. Néanmoins, au regard de leur caractère insolite, cette protection est accordée petit à petit dans le temps (A) avec différentes législations. Parmi elles, l'archéologie tient un rôle important (B).

De l'entre-deux guerres à aujourd'hui : une conservation dispersée dans le temps

Les champs de bataille bénéficient d'un régime spécifique dès la fin de la guerre. D'abord créé pour la sécurité civile et sanitaire, en raison du nombre de cadavres et de munitions non explosées enfouies dans le sol, la question de la conservation du patrimoine ne vient que dans un second temps. Celle-ci s'opère principalement par deux différentes législations, celle relative aux monuments historiques et celle liée à la protection des sites.

Concernant le patrimoine, un petit nombre de protections au titre des monuments historiques est déjà accordé aux champs de bataille durant l'entre-deux-guerres. Ils sont au nombre de sept et bénéficient tous du classement au titre des monuments historiques[1]. Parmi eux, figurent notamment : le champ de bataille de l'Hartmannswillerkopf

[1] Ministère de la Culture, Inspecteurs des patrimoines (collège des Monuments historiques), "Première Guerre mondiale et monuments historiques", n° 2012-38, nov. 2012.

(le Vieil Armand) classé par un arrêté du 2 février 1921 sur les communes de Hartmannswiller, Soultz-Haut-Rhin, Wattwiller et Wuenheim (Haut-Rhin), puis sur la commune d'Uffholtz par un arrêté du 16 avril 1924 ; la cote 108 et ses abords à Berry-au-Bac (Aisne), vestiges de tranchées et entonnoirs de mine classée par un arrêté du 11 juillet 1937 ; les terrains de zone rouge sur la butte à Vauquois (Meuse), classé par un arrêté du 22 septembre 1937, sur lesquels s'élève la colline de Vauquois, site stratégique raviné par les tirs de mines où se trouvent vingt-deux kilomètres de galeries souterraines.

Ce nombre n'augmente que très peu puisque le rapport "Première Guerre mondiale et monuments historiques" de l'Inspection des patrimoines répertorie dix champs de bataille protégés au titre des monuments historiques en 2012. Trois nouveaux vestiges ont donc été ajoutés : l'entonnoir de mines de La Boisselle à Ovillers-la-Boisselle (Somme), classé par un arrêté du 13 août 1998 ; le réseau de tranchées au lieu-dit les Foteaux à Bouconville-Vauclair (Aisne), inscrit par un arrêté du 23 novembre 1999, comprenant d'innombrables trous d'obus, un abri bétonné pour une pièce d'artillerie, un tunnel, combats meurtriers entre avril et septembre 1917 ; et la butte des Zouaves à Moulin-sous-Touvent (Oise), inscrite par arrêté du avril 2002, sur la ligne de front, occupée par les français, Cie de zouaves ensevelie par l'explosion d'une mine allemande en décembre 1914.

Par conséquent, ces dernières protections ont seulement été apportées à la fin des années 1990 ce qui témoigne de l'incidence paysagère de cette guerre bien après son achèvement. Néanmoins, préférer protéger d'autres types de vestiges tels que des ouvrages fortifiés et des carrières souterraines peut aussi expliquer ce délai d'attente.

En revanche, depuis la publication du rapport, il semblerait qu'il n'y ait pas eu de nouvelle protection au titre des monuments historiques (inscription ou classement) lié à un champ de bataille de la Guerre 1914-1918.

C'est davantage la protection au titre des sites naturels classés qui a été utilisée pour protéger des champs de bataille. La dernière résulte d'un arrêté du 9 novembre 2018 et concerne le champ de bataille de la Haute-Chevauchée (Meuse). Pour autant, le fichier national des sites classés mis à jour, le 29 décembre 2019, par le Ministère de la Transition écologique et solidaire, indique que seulement sept sites classés, sur un nombre total de deux mille sept cents, sont associés aux champs de bataille de la Grande Guerre.

Dès lors, il peut tout à fait être estimé qu'aujourd'hui encore la protection des champs de bataille n'est pas arrivée à son terme complet car plusieurs zones rouges reboisées ne sont encore pas protégées. C'est le cas de terrains situés sur le Chemin des Dames et la Butte de Chalmont, qui sont tout de même en projet de classement[1].

En parallèle, il faut souligner qu'une telle protection accordée (que cela soit au titre du Code du patrimoine ou au titre du Code de l'environnement) a été soumise à une procédure stricte qui possède une certaine pérennité puisque, comme vu précédemment, le déclassement est extrêmement rare. Toutefois, le peu de mesures de protection accordées n'est pas certain d'être conservé durablement.

---

[1] DREAL Hauts-de-France, Projets de classement.

Carte postale – Chemin des Dames – Le plateau de Californie.
Collection A. Carenjot

Et puis, les nouvelles demandes de protection relatives aux champs de bataille de la Grande Guerre sont fortement encouragées, comme en témoigne le rapport "Première Guerre mondiale et monuments historiques" de 2012. Sa publication a permis de protéger les champs de bataille des Eparges et de Bois-le-Prêtre classés au titre des sites respectivement en 2002 et 2008. Cependant, les recommandations du rapport, notamment celle encourageant de se référer aux listes établies par la section vestiges et souvenirs de guerre de la Commission des monuments historiques pour classer des champs de bataille, peuvent être contre-productives.

En effet, ces listes sont certes très intéressantes, mais ne décrivent plus les paysages actuels qui ont beaucoup changé en l'espace d'un siècle ; les dégâts de la guerre et leurs impacts ne sont pas présents de la même façon. Un véritable travail de réflexion contemporain, intégrant des connaissances historiques, doit opérer avant de patrimonialiser et mettre en valeur un ancien champ de bataille. En ce sens, Éric Marchal considère que ce processus soulève trois questions majeures : la légitimité des sites, la reconnaissance et l'affirmation (ou la construction) d'une identité territoriale autour de ceux-ci[1].

Cependant, ce processus nécessite aussi l'intervention de l'archéologie pour déterminer la valeur des vestiges découverts ou existants dans l'histoire de cette guerre.

L'archéologie des champs de bataille, entre reflet du quotidien des combattants et devoirs de mémoire

Il faut attendre 2013 pour que la ministre de la Culture et de la Communication déclare que les vestiges résultant des conflits armés du XXème siècle « doivent bénéficier d'une prise en compte et d'une protection identique à celles des autres éléments du patrimoine archéologique »[2]. L'apport de connaissances plus limité que pour des périodes plus anciennes est une cause principale de ce constat. Pourtant, les fouilles effectuées ont apporté des informations cruciales sur la vie quotidienne des combattants, aspect souvent négligé dans les narrations.

Cela s'est notamment illustré en 2001 lors des fouilles sur l'emprise de la zone d'activité commerciale (ZAC) “Actiparc” située à l'entrée nord-est d'Arras où était localisée une ancienne ligne de front. Elles ont pu révéler, outre une grande quantité de munitions et d'objets, un atelier d'artisanat de tranchées permettant « de restituer l'ensemble de la chaîne opératoire qui transforme une douille d'obus en de multiples objets souvenirs, et même

[1] Marchal, Éric. « Patrimonialisation d'un secteur militaire », *Corps*, vol. 12, no. 1, 2014, pp. 69-75.

[2] Réponse à la question écrite n° 2768 de M. Jean-Louis Christ, député du Haut-Rhin, à Mme Aurélie Filippetti, ministre de la Culture et de la Communication, *Journal officiel*, 15 janvier 2013, p. 427.

d'identifier les soldats qui les ont réalisés »[1] et une tombe exceptionnelle contenant vingt soldats britanniques, disposés au coude à coude et selon leurs liens familiaux, qui témoigne d'un profond sentiment de camaraderie, mais surtout renseigne sur de nouvelles pratiques funéraires sur les champs de bataille.

L'intérêt historique de ces fouilles a permis d'ouvrir la réflexion sur la prise en compte des vestiges liés à la Grande Guerre et il était temps que cela arrive puisque le rythme des aménagements urbains, routiers et ferroviaires se rapprochent de plus en plus des zones du front[2].

Et puis, même s'il n'y a pas d'intérêt archéologique, que faire des six cent soixante-dix mille corps disséminés sur le front qui seront mis à jour ? C'est la particularité de ce domaine, la fouille s'impose davantage par devoir de mémoire et pour assurer un traitement décent à l'égard de ces hommes. C'est pourquoi, chaque année, plus d'une dizaine de corps sont retrouvés[3]. En juillet dernier, deux corps de soldats allemands ont été découverts lors de travaux de remise en état sur une des tranchées de la Main de Massiges[4].

Enfin, comme la plupart des vestiges archéologiques, les vestiges de la Grande Guerre souffrent du pillage archéologique. Au-delà de piller les dépotoirs des cantonnements militaires, qui renferment de grandes quantités d'objets dont la valeur marchande peut être importante, les vandales effacent des traces de l'histoire et

---

[1] Y. Desfossés, A. Jacques et G. Prilaux, *Archéologie de la Grande Guerre*, Ouest-France Rennes, 2016, p. 39.

[2] Y. Desfossés, A. Jacques et G. Prilaux, *Archéologie de la Grande Guerre*, Ouest-France Rennes, 2016, p. 9.

[3] Y. Desfossés, A. Jacques et G. Prilaux, *Archéologie de la Grande Guerre*, Ouest-France Rennes, 2016, p. 41.

[4] FAYE Matti, « Première Guerre mondiale : deux corps de soldats allemands mis à jour dans la Marne », France 3 Grand Est, publié le 17 juillet 2024.

l'identité des combattants en collectant des plaques d'identité[1] car il y a encore deux cent cinquante mille corps ensevelis sous les anciens champs de bataille. À titre d'exemple, environ soixante-dix plaintes et signalements engagés en Lorraine ont entraîné la saisie de plus de soixante-sept mille objets archéologiques (armement, monnaies, éléments d'uniformes, éléments de la vie quotidienne militaire, etc.) représentant une valeur marchande de près d'un million et demi d'euros[2]. Les plaintes ont été suivies de peines d'amendes et de prison avec confiscation des objets, mais il demeure encore un large manque d'information et de sensibilisation auprès de la population.

En effet, il vient plus à l'esprit de déclarer une monnaie antique que des douilles d'obus alors que la règle est claire : toute découverte doit faire l'objet d'une déclaration, qu'elle soit illégalement intentionnelle (utilisation de détecteurs de métaux) ou fortuite. Cependant, dans la pratique, c'est rarement le cas ; ajouté au fait que le pillage est autant perpétré par des malfrats en quête d'argent que par des collectionneurs passionnés, en témoigne l'arrestation de deux hommes par l'Office central de lutte contre le trafic des biens culturels (OCBC) suite à la perquisition de vingt-deux obus, douze grenades, masques à gaz, neuf pistolets et fusils, objets de la vie quotidienne ainsi que des plaques d'identification de soldats en 2022[3].

---

[1] S. Jacquemot et M. Landolt, *Verdun : Un champ de bataille face aux pilleurs*, in *Atlas des sites archéologiques menacés : patrimoine à protéger*, sous la direction de Teyssandier, Bétard, Bourdin et Gourmelon, Paris, Le Cherche midi, 2023.

[2] Ibidem.

[3] Le Figaro, « Deux hommes en garde à vue soupçonnés d'avoir pillé des sites de la Grande Guerre », publié le 12 octobre 2022.

Ainsi menacé, le patrimoine archéologique de la guerre 1914-1918 doit faire connaître son intérêt, sa préservation est un véritable enjeu de conservation.

D'autant plus, que parfois, la présence d'un intérêt historique ne suffit pas à maintenir les vestiges. Par exemple, les cinq blockhaus de Dourges ont dû être détruits « à l'occasion de remembrements, ou pour faciliter les travaux agricoles, mais aussi lors du réaménagement à grand gabarit du canal de la Deûle et sous les remblais de deux terrils »[1]. Ce n'est pas un cas isolé, de nombreux blockhaus sont démantelés pour l'agriculture.

Section 3 : Des conséquences environnementales mitigées

Bien qu'elle constitue l'un des événements historiques les plus documentés de l'Histoire, les quantités de déchets industriels et leurs impacts environnementaux de la guerre de 1914-1918 restent vagues. Chaque année, des découvertes à ce sujet surgissent, qu'elles soient positives ou néfastes. L'aspect négatif (I) est davantage mis en avant, pourtant conserver les vestiges et, notamment les champs de bataille, emporte des effets bénéfiques (II).

I. La Terre : dépôt de prédilection

Malgré elle, la Terre stocke des dépôts de munitions oubliés, mais surtout des munitions tirées durant la guerre et qui n'ont jamais explosées. Leur présence cause un travail quotidien et dangereux, celui du déminage (A), et pollue gravement les sols et les eaux (B).

---

[1] Y. Desfossés, A. Jacques et G. Prilaux, *Archéologie de la Grande Guerre*, Ouest-France Rennes, 2016, p. 101.

Le déminage incessant et périlleux des munitions

Les quatre années de conflit de la Grande Guerre battent des records en termes de dégradation et de destruction. Parmi eux, un chiffre effraie par l'ampleur de ses conséquences actuelles : plus d'un milliard d'obus ont été tirés entre les belligérants et près d'un quart de ces munitions, soit deux cent cinquante mille millions, n'ont pas explosé. Encore enfouies dans le sol, elles peuvent se démarquer par leurs différentes compositions chimiques (chlore, phosgène, arsines, chloropicrine, ypérite ou "gaz moutarde"), mais se ressemblent par leur équivalente dangerosité. En effet, contrairement à certaines idées reçues, elles sont encore plus dangereuses qu'au moment de leur fabrication car elles « libèrent de plus en plus d'éléments polluants au fur et à mesure que l'enveloppe se dégrade sous l'effet de la corrosion »[1].

Les neutraliser est donc une impérativité absolue. Les travaux de déminage débutent en 1945 suite à l'entrée en vigueur de l'ordonnance n°45-271 du 21 février 1945 créant la Direction du Déminage sous la tutelle du ministère de la Reconstruction et de l'Urbanisme. Le service est transféré en 1964 au ministère de l'Intérieur. Depuis sa création, les démineurs estiment avoir enlevé plus de six cent soixante mille bombes, treize millions de mines et vingt-quatre millions d'obus ou autres engins explosifs[2]. Plus cauchemardesque encore, ils précisent, à l'occasion d'une audition au Sénat, que « six à sept siècles seraient encore

---

[1] Inventaire des déchets de guerre et découverts de début 2008 à fin 2011 dans les 7 régions du Nord et de l'Est de la France par les guerres de 1870, 1914-1918 et 1939-1945.

[2] Rapport d'information n°420 (2000-2001), "Une question vitale en instance depuis 80 ans : le déminage", déposé le 5 juillet 2001 par Jacques Marchet et Jacques Larché.

nécessaires pour en finir avec ce singulier héritage explosif et toxique »[1]. En attendant, chaque année, ils collectent, neutralisent ou entreposent en vue de leur élimination finale (notamment dans le camp militaire de Suippes), cinq cents à huit cents tonnes de munitions[2].

Dans certaines zones, il suffit à peine de gratter le sol pour découvrir l'un des innombrables obus non explosés. C'est notamment le cas dans la forêt domaniale de Verdun, où durant la bataille de 1916, soixante millions d'obus ont été tirés dont un quart n'aurait pas encore explosé. Il est également facile de tomber sur des balles de Shrapnel[3], décrites comme étant particulièrement meurtrières ; Maurice Genevoix l'illustre dans son ouvrage *Ceux de 14* : « Trois fois je me suis trouvé en pleine gerbe d'un shrapnel, les balles de plomb criblant la terre autour de moi, fêlant des têtes, trouant des pieds ou crevant des gamelles ».

À vrai dire, la découverte et la collecte d'obus est si routinière qu'elle peut être uniquement illustrée par des exemples de l'année en cours (2024) ; ce qui témoigne de l'ampleur du phénomène. La plus notable illustration est certainement la découverte de trois cent trente-trois obus allemands contenant du phosgène à Brimont, à quelques kilomètres au nord de Reims, sur un chantier de terrassement[4]. Autrement, il est plus commun de trouver de

---

[1] Saint-Hilaire, Olivier. « Le dernier mort de 1914-1918 n'est pas encore né. La pollution invisible des deux guerres mondiales », *Revue du Crieur*, vol. 13, no. 2, 2019, pp. 70-87.

[2] Inventaire des déchets de guerre et découverts de début 2008 à fin 2011 dans les 7 régions du Nord et de l'Est de la France par les guerres de 1870, 1914-1918 et 1939-1945.

[3] Obus chargé de 200 à 300 petites billes de plomb qui sont libérées lors de l'explosion et dispersées dans une multitude de directions.

[4] M. Faye, "Plus de 300 obus de la Première Guerre mondiale découverts sur un chantier", France 3 Grand Est, publié le 7 févr. 2024.

façon isolée un ou quelques obus comme cela a été le cas à Châtenois[1], Lens[2] ou encore en Seine-Saint-Denis[3].

Parfois, ce sont les conditions météorologiques telle que la période de sécheresse de 2022 qui font réapparaître dans les rivières de nombreux obus de la Grande Guerre.

Malgré ces travaux de déminage, plusieurs accidents ont lieu chaque année, notamment chez les agriculteurs puisqu'ils cultivent leurs terres sur d'anciens champs de bataille. En effet, de nombreux terrains anciennement identifiés comme "zones rouges" ont été rétrocédés aux cultivateurs, une fois que l'armée eut ramassé les obus et cadavres à la surface et aplati le sol. Mais, il a fallu plusieurs années supplémentaires pour que les terres des fermes soient véritablement remises en culture car au début « seules les "moissons de fer" procurent un gagne-pain à la population. Les cultivateurs et leurs familles récupéraient la ferraille des champs de batailles - obus compris - pour vendre cette matière première métallique »[4]. "Le paysan des poilus", Jean-Luc Pamart, révèle qu'il récolte tous les ans, même après ce travail de désobusage, une centaine d'obus chargés. Ce constat émane d'une logique implacable : le résultat du passage du temps face à la modernité de l'agro-industrie, car les obus ont tendance à remonter tandis que les machines utilisées pour travailler le sol vont de plus en plus en profondeur[5].

---

[1] M. Lambert, "Un obus de la Grande Guerre tombe de l'armoire…les démineurs le font exploser", Le Progrès, publié le 31 janv. 2024.

[2] F. Brassart, "Un obus de guerre découvert sur un chantier à deux pas du centre-ville de Lens", Actu Hauts-de-France, publié le 17 avr. 2024.

[3] T. Nadal, "Seine-Saint-Denis : un obus de la Première Guerre mondiale découvert en pleine rue", Actu Île-de-France, publié le 8 juin 2024.

[4] Masson-Loodts, "Paysages en bataille, Les séquelles environnementales de la Grande Guerre", Nevicata, 2014, p. 49.

[5] Ibidem.

Pour chaque munition découverte, le maire de la commune concernée doit être prévenu afin qu'il puisse transmettre une demande au centre de déminage, qui organise les récoltes par interventions d'urgence puis par secteur géographique. Il arrive souvent que les agriculteurs déplacent les obus sur le bas-côté, à leurs risques et périls, pour continuer à travailler leurs terres en raison du nombre de semaines qui peuvent s'écouler après le signalement.

En dépit de cette quantité de travail, les moyens des démineurs de la Sécurité civile sont jugés encore insuffisants par un rapport d'information du 9 juillet 2024[1]. Il est indiqué que 25 % des centres de déminage ne disposent pas de dépôt de munitions, et 50 % d'entre eux n'ont pas de terrain de destruction. Cette situation conduit à un déstockage plus long et oblige à déplacer les munitions sur de longues distances, avec tous les dangers qui en découlent, alors que cette mission historique représente la majeure partie de leur activité.

Au-delà de réduire les accidents et d'assurer la sécurité de la population, le déminage lutte pour la dépollution des sols et des eaux.

Pollution grave et persistante des sols et des eaux

En tant que première guerre industrielle et chimique, la Première Guerre mondiale entraîne inéluctablement de lourds impacts environnementaux qui étrangement n'ont pas été précisément mesurés. Ce n'est pas la volonté de faire qui manque puisque l'association Robin des Bois a demandé, en 2003, au ministre de la Défense, de l'Intérieur et de l'Écologie, un rapport public annuel exhaustif et cartographié sur les récupérations des vestiges de guerre ;

[1] Rapport d'information n°718 (2023-2024) de la Commission des Finances, déposé le 9 juillet 2024 par M. Jean-Pierre Vogel.

tandis que le Rapport de la Cour des comptes de 2007 sur la gestion des sols par la Défense met en exergue le manque de moyens pour l'assainissement des sols et le manque de transparence sur la relation entre la législation environnementale et la législation militaire[1]. Cependant, la potentielle transmission de ces informations est paralysée par des normes juridiques tel que l'article L.213-2 du Code du patrimoine, issue de la loi relative aux archives de 2008, interdisant la consultation de documents publics dont la communication est susceptible de faciliter la localisation d'armes chimiques.

Toutefois, des séquelles sont tout de même reconnues comme l'existence de la "Place à gaz" dont l'accès a été officiellement fermé qu'en 2012. Cela fait suite à une étude publiée par les scientifiques allemands, Johannes Preuss et Tobias Bausinger, révélant que sur un site de la forêt de Spincourt, au nord-est de Verdun, pas moins de deux cent mille obus chimiques, incinérés entre 1926 et 1928, ont pollué durablement le sol. En effet, les prélèvements effectués dans la zone d'incinération - un vaste cercle de soixante-dix mètres de diamètre de terre noire démunie de toute végétation - dévoilent des taux très élevés d'arsenic, de plomb et d'autres métaux lourds qui seraient de mille à dix mille fois supérieurs à ceux mesurés dans les "zones rouges" de la région[2]. Il s'ensuit qu'une simple présence courte et peu répétée peut générer des impacts sur la santé humaine.

En plus de polluer les sols, les métaux lourds atteignent les nappes phréatiques contaminant les eaux potables. Il arrive ainsi que des habitants soient confrontés à un arrêté

---

[1]Masson-Loodts, "Paysages en bataille, Les séquelles environnementales de la Grande Guerre", Nevicata, 2014, p. 70.

[2] J.-P. Amat, Les forêts de la Grande Guerre de 1815 à nos jours : histoire, mémoire, patrimoine, Paris, Sorbonne Université Presses, 2015.

de restriction de consommation de l'eau du robinet. Cela a notamment été le cas pour cinq cent quarante-quatre communes du Nord et du Pas-de-Calais, en 2012, suite à des analyses des captages d'eau potable indiquant un taux anormalement élevé de perchlorate d'ammonium, résidus d'explosifs et d'engrais utilisés afin de relancer les cultures après 1918[1].

La quantité de conséquences résultant au sortir de la guerre et qui persistent toujours vigoureusement fait ainsi dire à l'historien Olivier Saint-Hilaire que le dernier mort de 1914-1918 n'est pas encore né. Il faut néanmoins admettre que certains paysages du front présentent aujourd'hui des caractéristiques appréciables pour l'environnement.

II. Défi urbanistique : conserver les champs de bataille comme lieux naturels

Les champs de bataille, ne pouvant pas être remis en culture, ont été boisés en vue de la reconstitution de forêts domaniales, dont celle de Verdun qui représente aujourd'hui un espace de biodiversité reconnu (A). Les autres, rétrocédés à la population, deviennent à nouveau des champs de culture, qui au fil du temps du temps sont de plus en plus confrontés aux travaux d'aménagement urbain (B).

La forêt de Verdun, zone rouge haut lieu de biodiversité

Le bilan dressé est particulièrement catastrophique, mais il est nécessaire de le nuancer. Certes, un paysage lunaire apparaît après la guerre, comme le décrivent le cinéaste Marcel l'Herbier, ahuri de « la gesticulation effrénée des

[1] Saint-Hilaire, Olivier. « Le dernier mort de 1914-1918 n'est pas encore né. La pollution invisible des deux guerres mondiales », *Revue du Crieur*, vol. 13, no. 2, 2019, pp. 70-87.

arbres qui se tordent une dernière fois sous une bise d'enfer pour aller s'abîmer parmi les morts »[1] et l'essayiste Henry Bordeaux : « Le soleil ne ranime aucune vie végétale. La terre creusée d'entonnoirs qui se rejoignent est comme un visage gravé de la petite vérole où le sourire trébuche dans les trous ». Citons encore Apollinaire qui dépeint la Champagne comme « un désert qui ressemble au Sahara, quelques bouquets de pins misérables et clairsemés ». C'est pourtant bien sur ce paysage que la nature finit par reconquérir les lieux.

Elle a assurément été aidée par la main de l'Homme car « le boisement était considéré comme la seule voie satisfaisante pour assurer la remise en état des sols les plus meurtris »[2] et conserver certains vestiges des combats. Toutefois, elle a su reprendre ses droits à un tel point que la forêt de Verdun est inscrite au réseau européen de protection Natura 2000[3] sous le nom de "Corridor de la Meuse" et détient le label Forêt d'Exception[4] depuis 2014.

---

[1] Cinémagazine, 1924, dans Veray, inédite, p.65.

[2] J.-P. Amat, Les forêts de la Grande Guerre de 1815 à nos jours : histoire, mémoire, patrimoine, Paris, Sorbonne Université Presses, 2015.

[3] Le réseau Natura 2000, constitué d'un ensemble de sites naturels, terrestres et marins, vise à préserver des espèces et des habitats menacés tout en maintenant des activités socio-économiques. Cet objectif est fondé sur deux directives principales : la directive « Oiseaux » (1979, révisée en 2009) et la directive « Habitats » (1992). Au total, le réseau Natura 2000 comprend près de 27 000 sites dont 1 756 en France. Chaque site bénéficie d'un document d'objectifs (DOCOB), qui définit les mesures de gestion adaptées aux enjeux de conservation favorisant ainsi le dialogue entre les différents acteurs locaux.

[4] Label créé en 2007 par l'Office National des Forêts (ONF) qui distingue l'excellence de la gestion de forêts domaniales, reconnues pour leur patrimoine unique en termes d'histoire, de paysages, de biodiversité ou de bois de grande valeur. Attribué pour une durée renouvelable de cinq ans, il n'offre pas une protection réglementaire mais garantit une gestion forestière respectueuse de l'environnement par le respect d'une charte. Seize massifs forestiers sont labellisés.

Effectivement, le boisement a favorisé la restauration des écosystèmes permettant ainsi à la biodiversité de s'exprimer. Parfois, ce sont même des vestiges de la Grande Guerre (non protégés au titre du Code du patrimoine) qui favorisent l'implantation d'espèces. Les casemates et tourelles, leurs couloirs, protégés par une épaisse couche de terre, sont devenus des refuges privilégiés pour les populations de chiroptères[1], en particulier le Grand Rhinolophe et le Vespertilion à oreilles échancrées. La forêt de Verdun accueille même la majorité des espèces de chiroptères de la région.

Des inventaires ont également signalé la présence de plusieurs espèces animales et végétales rares telles que le Crapaud Sonneur à ventre jaune, l'orchidée Orchis verdâtre, ou la Bermudienne à feuilles étroites introduite par les soldats d'Amérique du Nord.

Depuis bientôt cent ans, Verdun est ainsi habillé d'un grand manteau vert et est bercé par les bruissements de la nature, ne portant les stigmates d'un champ de bataille que dans son sol. Cette ambiance paisible ne règne pas sur l'ensemble des champs de bataille du front puisque certains de ceux remis en culture menacent d'être dénaturés par des projets d'aménagement urbain.

Le complexe maintien de lieux de mémoire face aux projets éoliens

En somme, une bonne portion des vestiges et champs de bataille a été protégée grâce à l'implantation de forêts. Cependant, il arrive que ceux qui sont localisés sur des terrains restitués à la population (malgré une protection au

[1] Masson-Loodts, "Paysages en bataille, Les séquelles environnementales de la Grande Guerre", Nevicata, 2014, p. 17.

titre du Code du patrimoine ou au titre du Code de l'environnement) ne bénéficient pas d'une telle protection, notamment face à des projets de développement durable ou d'extensions d'entreprises. Ce fait démontre bien que l'équilibre entre les objectifs que se fixe le Code de l'urbanisme, en son article L.101-2 précédemment expliqué, est difficilement atteignable.

Le cas s'est illustré à plusieurs reprises ces dernières années. Auparavant, les juges étaient moins cléments ; ils ont pu préférer l'implantation d'une usine de traitement de déchets sur le Bois des Loges, « théâtre de nombreux combats »[1], au motif qu'il n'avait fait l'objet d'aucune mesure de classement. Désormais, c'est plus souvent le projet qui se plie devant la conservation de la mémoire des combattants de la Première Guerre mondiale. En ce sens, l'agrandissement d'une entreprise d'enfouissement des déchets sur la Butte des Zouaves (butte à la mémoire des soldats de l'armée d'Afrique) à Moulin-sous-Touvent a été la source d'un long litige définitivement refusé par le juge administratif, en avril 2023[2]. En 2021, un projet de six éoliennes sur la commune de Grand-Rozoy (Aisne) a également été rejeté[3] au motif de sa proximité avec le monument mémoriel "Les Fantômes de Landowski".

Occasionnellement, le projet est préféré comme l'achèvement de dix éoliennes, en 2023, sur le site des combats de Vaux-Marie près de la commune de Rembercourt-Sommaisne. Si une forte opposition a d'abord été formulée, la multinationale Total Energies a dégoté la parade idéale pour mener à bien son projet : financer une

---

[1] CE, 26 novembre 2008, Synd. Mixte vallée de l'Oise, n°301151 ; Cne Fresnières, Comm. cnes pays des sources, n°301180. Le juge considère qu'en ayant fait l'objet d'aucun classement, il ne peut y avoir d'exigence morale tirée du devoir de mémoire.

[2] CAA Douai, 3ème chambre, 6 avril 2023, n° 22DA00568.

[3] CAA Douai, 1ère chambre, 26 janvier 2021, n° 19DA01158.

docu-fiction interprétant la Bataille de Vaux-Marie. Un QR Code, placé sur chacune des éoliennes, renvoie le visiteur vers un épisode filmé sur les lieux. Au-delà d'une reconstitution discutable, le site est dénaturé et pourtant, cette médiatisation a permis de faire connaître au grand public l'existence de ce site revitalisant une part du tourisme.

L'avenir des sites de la Grande Guerre est à coup sûr parsemé d'embûches qu'il conviendra de surmonter selon l'intérêt historique et le projet envisagé pour opérer un équilibre. Qui sait ? Peut-être serons-nous spectateurs d'une jurisprudence qui rejettera un projet face à la description d'un paysage de combat par des auteurs tels que Maurice Genevoix et Pierre Loti ; suivant l'exemple de l'arrêt du 4 octobre 2023 du Conseil d'État qui a protégé un paysage décrit par Marcel Proust dans « À la recherche du temps perdu » face à l'implantation d'un projet éolien.

Conclusion

Ainsi, le cadre juridique actuel paraît suffisant pour répondre aux défis de conservation des vestiges de la Grande Guerre. Cela résulte surtout de la diversité de législations qu'offre le droit dans plusieurs domaines, permettant ainsi d'adapter la protection en fonction de la nature et de la localisation des vestiges. Toutefois, cette pluralité peut brouiller la compréhension car les mesures législatives s'alternent ou se superposent. De plus, elles ont toute leur importance, même le droit de l'urbanisme qui, comme il l'a été vu, a assurément un rôle à jouer. Par exemple, l'élaboration, la modification ou la révision d'un document d'urbanisme, notamment le PLU, peut accroître ou limiter la protection du patrimoine. Dès lors, il ne semble pas nécessaire de créer une nouvelle mesure de protection spécialisée pour ce type d'immeubles ou de simplifier le cadre. Néanmoins, il devient urgent de davantage mettre en œuvre ce dernier, plus particulièrement le droit de l'archéologie, car encore de nombreux vestiges, majoritairement les champs de bataille, ne bénéficient pas encore d'une protection et d'une conservation correcte.

Aussi, il faut souligner que la conservation des vestiges ne peut être pérenne sans intéresser, éduquer les générations actuelles et futures, et entretenir la mémoire ; encore plus, depuis que le dernier combattant de cette guerre soit mort, il y a maintenant plus d'une dizaine d'années. C'est un difficile enjeu de patrimonialisation puisque « une politique mémorielle excessive peut provoquer le rejet, voire l'ennui du public »[1], et que le monde subit constamment des

[1] L. Alabert, R. Marcowitz et A. Weinrich (dir.), *La longue mémoire de la Grande Guerre. Regards croisés franco-allemands de 1918 à nos jours*, Villeneuve-d'Ascq, Presses Universitaires du Septentrion, 2017, p. 231.

périodes de conflits, en témoignent la guerre en Ukraine et la guerre Israël-Hamas. En conséquence, la mémoire de la Grande Guerre doit jouer avec plusieurs facteurs pour être maintenue, et doit veiller à ne pas se reposer uniquement sur les monuments commémoratifs et les musées. Les vestiges sont les mieux placés pour témoigner d'un évènement.

Quoi qu'il arrive, « ceux qui pieusement sont morts pour la patrie ont droit qu'à leur cercueil la foule vienne et prie »[1].

---

[1] Victor Hugo, « Hymne », in *Les chants du crépuscule*, 1835.

Bibliographie

Ouvrages juridiques

- CORNU Marie, *Le patrimoine militaire, entre histoire nationale et mémoire collective*, in Caroline Chamard-Heim et Philippe Yolka (dir.), *Patrimoine(s) et équipements militaires, Aspects juridiques,* Institut Universitaire Varenne, Collection Colloques & Essais, 2018, pp. 189-205.
- BALDIN Loïc, *Droit de l'urbanisme*, Collection Lexifiche, Enrick B. Éditions, 2020.
- JACQUOT Henri, François PRIET et Soazic MARIE, *Droit de l'urbanisme*, Éditions Dalloz, 2022.
- (DE) LAJARTRE Arnaud Bernard et Mathieu GIGOT, « La protection du patrimoine culturel par un outil réglementaire de proximité : le Plan Local d'Urbanisme patrimonial », In Droits, protections, proximité : mélanges en l'honneur du Professeur Hervé Rihal, Poitiers, Presses universitaires juridiques de Poitiers, 2021, pp. 589-604.
- MONNIER Mireille, *L'urbanisme de protection : un droit au service du patrimoine*, Gualino éditeur, Lextenso éditions, 2013.
- PERROT Xavier, *Le droit des monuments historiques et la Grande Guerre : la conservation des vestiges et souvenirs de guerre en question*, in *De 1913 au Code du patrimoine : une loi en évolution sur les monuments historiques*, Paris, La Documentation Française, 2018, pp. 32-41.
- PRIEUR Michel, *Droit de l'environnement*, Paris, Éditions Dalloz, 2023.
- TOUZEAU-MOUFLARD Line et Armelle VERJAT, *La protection des monuments historiques*, Juris Éditions, Dalloz, 2018.

Ouvrages sur l'histoire de l'urbanisme

- NOVARINA Gilles, *Histoire de l'urbanisme de la Renaissance à nos jours : l'art et la raison*, Antony : Éditions le Moniteur, 2023.

Ouvrages sur la Grande Guerre

- François Cochet, *Idées reçues sur la Première Guerre mondiale,* éd. Le Cavalier bleu, 2014.
- BECKER Jean-Jacques, *La Première Guerre mondiale*, Paris, Éditions Belin, 2003.
- BECKER Jean-Jacques et René-Paul SAVARY, *La Marne dans la Grande Guerre : le catalogue*, Châlons-en-Champagne, Conseil départemental de la Marne, 2015.
- *Les batailles de Champagne*, Guides illustrés Michelin des champs de bataille, publié sous le patronage du ministère de l'Instruction publique et des Beaux-Arts et du ministère des Affaires étrangères, Clermont-Ferrand, Michelin et Cie, 1921.
- *Reims et le fort de la Pompelle*, Guides illustrés Michelin des champs de bataille, Clermont-Ferrand, Michelin et Cie, 1920.

Ouvrages sur les monuments aux morts

- BOUILLON Jacques et Michel PETZOLD, Mémoire figée, mémoire vivante : les monuments aux morts, Charenton-le-Pont, Citedis, 1999, p. 160.
- JONET Sylviane (dir.), *Les monuments aux morts de la Grande Guerre dans le Parc naturel régional de la Montagne de Reims*, Charleville-Mézières, Anciaux, 2006.
- PROST Antoine, *Le sens de la guerre. Les monuments aux morts de 1914-1918 en France*, in Stéphanie Claisse et Thierry Lemoine (dir.), *Comment (se) sortir de la Grande Guerre ? Regards sur quelques pays « vainqueurs » : la Belgique, la France et la Grande-*

Bretagne. Paris, L'Harmattan (Structures et pouvoirs des imaginaires), 2005, pp. 11-36.

- PROST Antoine, *Les monuments aux morts. Culte républicain ? Culte civique ? Culte patriotique ?*, in Pierre Nora (dir.), Les lieux de mémoire, t. 1, « La République ». Paris, Gallimard (Quarto), 1997, pp. 199-223.
- RAVIER Chantal, *Les monuments aux morts de la Marne, une pédagogie de la mémoire*, in *Guerre et paix en Champagne-Ardenne et ailleurs, 1914-2014 : quels patrimoines ? : actes du 10e Colloque de l'APIC, organisé à Reims en mai 2014, à l'occasion du centenaire de la Première guerre mondiale*, sous la direction de DOREL-FERRÉ, Reims, Canopé-Académie de Reims, 2015.

Ouvrages sur les vestiges de la Grande Guerre

- AMAT Jean-Paul, *De la zone rouge au camp militaire : patrimoine mémoriel et naturel*, in 1*919, de la paix aux reconstructions dans la Marne : Journées d'étude, 5 & 6 décembre 2019, Tinqueux-Suippes*, sous la direction de Frédéric GUELTON, Châlons-en-Champagne, Département de la Marne, 2020.
- BURKARDT Albrecht et Jérôme GRÉVY (dir.), *Ruines politiques*, Rennes, Presses universitaires de Rennes, 2023.
- DANCHIN Emmanuelle, *Le temps des ruines 1914-1921*, Presses universitaires de Rennes, 2015.
- DANCHIN Emmanuelle, *Faire face aux ruines au lendemain de la guerre de 1914-1918 ?* in Pascal Plas (dir.), *Conflits, dévastations et ruines : réparer, reconstruire, conserver, actes du colloque de Limoges des 6-7 avril 2016*, Lavauzelle Graphic, 2018, pp. 15-26.
- JOLYOT Michel, *Traces de la guerre 14-18 dans la Marne*, Reims, Atelier Michel Jolyot, 2013.

Ouvrages sur l'archéologie de la Grande Guerre

- DESFOSSÉS Yves, Alain JACQUES et Gilles PRILAUX, *Archéologie de la Grande Guerre*, Ouest-France Rennes, 2016.
- JACQUEMOT Stéphanie et Michaël LANDOLT, *Verdun : Un champ de bataille face aux pilleurs*, in *Atlas des sites archéologiques menacés : patrimoine à protéger*, sous la direction de TEYSSANDIER, BÉTARD, BOURDIN et GOURMELON, Paris, Le Cherche midi, 2023.

Ouvrages sur la mémoire de la Grande Guerre

- ALABERT, Laurent, MARCOWITZ, Reiner et Arndt WEINRICH (dir.), *La longue mémoire de la Grande Guerre. Regards croisés franco-allemands de 1918 à nos jours*, Villeneuve-d'Ascq, Presses Universitaires du Septentrion, 2017.
- DEFFRENNES Geoffroy et Sébastien JARRY, *Sites de la Première Guerre dans le nord de la France*, Rennes, Éditions Ouest-France, 2014.

Ouvrages sur les séquelles environnementales de la Grande Guerre

- AMAT Jean-Paul, *Les forêts de la Grande Guerre de 1815 à nos jours : histoire, mémoire, patrimoine*, Paris, Sorbonne Université presses, 2024.
- MASSON-LOODTS Isabelle, *Paysages en bataille, Les séquelles environnementales de la Grande Guerre*, Nevicata Bruxelles, 2014.

Dossiers et rapports d'informations

- Ministère des Armées, *Avec la fin des restrictions sanitaires, la fréquentation des lieux de mémoire des conflits contemporains bondit en 2022*, EcoDef Statistiques n°235, 2023.

- Ministère de la Culture, *La protection au titre des monuments historiques* : Bilan 2022, Chiffres-clés au 1er janvier 2023.
- Ministère de la Culture, *Inscription de 139 sites funéraires et mémoriels de la Première Guerre mondiale (Front Ouest) sur la liste du patrimoine mondial de l'UNESCO*, Communiqué de presse, publié le 21 septembre 2023.
- Ministère de la Culture, Inspecteurs des patrimoines (collège des Monuments historiques), *Première Guerre mondiale et monuments historiques*, 2012, N° 2012-38, 60 pages.
- Ministère de la Transition écologique et solidaire, *Fichier national des sites classés*, mis à jour le 29 décembre 2019.
- Musée de l'Armée, *Un passé trop récent ? L'apport de l'archéologie : identifier les morts de la Grande Guerre,* Le département contemporain (1871-1945), Kakemono.
- Liste des immeubles protégés au titre des monuments historiques en 2023, JORF n°0176 du 25 juillet 2024.
- Sénat, « L'abrogation des cartes communales et la caducité des plans d'occupation des sols – Proposition de loi n° 217 (2019-2020) », rapport présenté par Jean-Baptiste Blanc, Commission des affaires économiques, note de synthèse, 2021.
- Sénat, « Les démineurs de la Sécurité civile : une modernisation impérative pour désamorcer les risques pesant sur la pérennité du service – Rapport d'information n°718 », présenté par Jean-Pierre Vogel, 2024.
- Sénat, « Une question vitale en instance depuis 80 ans : le déminage – Rapport d'information n°429 », Commission des lois, 2001.

▪ Robin des Bois, *Inventaire des déchets de guerre et découverts de début 2008 à fin 2011 dans les 7 régions du Nord et de l'Est de la France par les guerres de 1870, 1914-1918 et 1939-1945*, 2012.

Articles de revues juridiques

▪ Defrénois, « Conditions à la réhabilitation des constructions anciennes en zone naturelle ».

Articles de revues scientifiques

▪ ANGLARET Anne-Sophie, « Le Mémorial de Verdun et les enjeux de la mémoire combattante, 1959-2011 », In *Revue historique*, 2014/1(n° 669), pp. 29-50.

▪ CAPPRONNIER Jean-Charles, Elsa MARGUIN-HAMON et Paul SMITH, « Le Patrimoine de la Grande Guerre », in Revue des patrimoines, 2014/25.

▪ DANCHIN Emmanuelle, « De la protection à la valorisation du patrimoine dévasté : penser la valorisation des ruines pendant la guerre », *In Situ Revue des patrimoines*, n°23, 2014.

▪ DESFOSSÉS Yves, Alain JACQUES et Gilles PRILAUX, « Quelle archéologie pour les traces de la Grande Guerre ? », Jean-Paul Demoule éd., *L'archéologie préventive dans le monde,* In La Découverte, 2007, pp. 151-162.

▪ GIGOT Mathieu, Sébastien JACQUOT, Julie MARCHAND et Vincent VESCHAMBRE, « Le plan local d'urbanisme : un champ d'extension de la protection patrimoniale ? », In *Territoire en mouvement Revue de géographie et aménagement*, 2022.

▪ GUILLERM Maeva, « L'entretien des monuments aux morts », In *Le Courrier des maires,* 2013 (N°271), p. 49.

- LANDOLT Michaël, « L'archéologie de la Grande Guerre : une nécessaire interdisciplinarité », *Artefact* 2017, pp. 61-75.
- LEBLANC Antoine, « La conservation des ruines traumatiques, un marqueur ambigu de l'histoire urbaine », *L'Espace géographique*, 2010/3 (Tome 39), pp. 253-266.
- MARCHAL Éric, « Patrimonialisation d'un secteur militaire », *Corps*, 2014/1, (N° 12), pp. 69-75.
- NIESS Alexandre, « Monuments aux morts et politique : l'exemple marnais », In *Guerres mondiales et conflits contemporains*, 2003/4 (n° 212), pp. 17-31.
- PROST Antoine, « Les Français, la mémoire de la Grande Guerre et son centenaire », In *Le Mouvement Social*, 2019/4 (n° 269-270), pp. 165-183.
- SAINT-HILAIRE Olivier, « Le dernier mort de 1914-1918 n'est pas encore né. La pollution invisible des deux guerres mondiales », *Revue du Crieur*, vol. 13, no. 2, 2019, pp. 70-87.
- SORBARA Jean-Gabriel, « L'aménagement et les objectifs du droit de l'urbanisme », *Droit et Ville*, 2022/1 (N° 93), pp. 91-104.
- VILTART Franck, « Naissance d'un patrimoine : les projets de classement des ruines, vestiges et souvenirs de guerre (1915-1918), *In Situ Revue des patrimoines*, 2014/23.

Réponses ministérielles

- Ministère de la Cohésion des territoires et des Relations avec les collectivités territoriales, Réponse ministérielle n° 01533, JO Sénat, 13 juin 2019, p. 3114.
- Ministère de la Culture, Réponse n°00248 du 11/08/2022 à la question de M. Bruno Belin du 07/07/2022, JO Sénat, p. 4245.

- Ministère du Logement, JORF, 2 mai 1995, Moniteur des travaux publics du 26 mai 1995, p. 274.
- Réponse à la question écrite n° 2768 de M. Jean-Louis Christ, député du Haut-Rhin, à Mme Aurélie Filippetti, ministre de la Culture et de la Communication, *Journal officiel*, 15 janvier 2013, p. 427.

Fiches récapitulatives de droit

- Groupe de Recherche sur les Institutions et le Droit de l'Aménagement, de l'Urbanisme et de l'Habitat (GRIDAUH), *La règle de la constructibilité limitée*, Fiche 3, Le Règlement national d'urbanisme.
- Groupe de Recherche sur les Institutions et le Droit de l'Aménagement, de l'Urbanisme et de l'Habitat (GRIDAUH), *SCOT et patrimoine culturel*, Fiche unique, 2014.

Productions littéraires

- GENEVOIX Maurice, *Ceux de 14*, Paris, Flammarion, 1950.
- HUGO Victor, « Hymne », *Les chants du crépuscule*, 1835.
- LOTI Pierre, *L'horreur allemande*, Paris, éd. Calmann-Lévy, 1918.

Entretiens oraux

- CARENJOT Antoine, Aiguillage sur le développement de mon mémoire et partage d'informations [entretien] mené par Pinteaux Jeanne, Épernay, 18 juillet 2024.

Sitographie

- BRASSART Florian, « Un obus de guerre découvert sur un chantier à deux pas du centre-ville de Lens », Actu Hauts-de-France, publié le 17 avril 2024.
- DESHAYES Emmanuel, « Du jamais vu depuis 1936 un petit village de l'Hérault érige enfin un monument aux morts à ses poilus de 14-18 », France 3 Occitanie, publié le 5 novembre 2022.
- DREAL Hauts-de-France, Projets de classement.
- DREAL Hauts-de-France, Le champ de bataille de Bouvines et ses abords, site classé en 2014.
- DREAL Hauts-de-France, Le Moulin à Valmy et ses abords.
- (DE) GUILLEBON Matthieu, « Forêts de guerre : comment se sont-elles reconstituées ? », Ecotree, publié le 19 septembre 2022.
- FAYE Matti, « Plus de 300 obus de la Première Guerre mondiale découverts sur un chantier », France 3 Grand Est, publié le 7 février 2024.
- FAYE Matti, « Première Guerre mondiale : deux corps de soldats allemands mis à jour dans la Marne », France 3 Grand Est, publié le 17 juillet 2024.
- Le Figaro, « Deux hommes en garde à vue soupçonnés d'avoir pillé des sites de la Grande Guerre », publié le 12 octobre 2022.
- LAMBERT Matthieu, « Un obus de la Grande Guerre tombe de l'armoire…les démineurs le font exploser », Le Progrès, publié le 31 janvier 2024.
- MONTARD Nicolas, « Il y a 100 ans, les monuments aux morts fleurissaient partout en France, voici leur histoire », Ouest France, publié le 15 novembre 2023.

▪ NADAL Thibault, « Seine-Saint-Denis : un obus de la Première Guerre mondiale découvert en pleine rue », Actu Paris, publié le 8 juin 2024.
▪ « La nécropole nationale de Sainte-Menehould », Chemins de mémoire, Ministère des Armées.
▪ « Le cimetière allemand de Boult-sur-Suippe », Inrap, publié le 2 mars 2016 et mis à jour le 7 juin 2019.
▪ « Les communes tombées pour la France », Ministère de l'Intérieur et des Outre-mer, Archives des dossiers, publié le 6 février 2017.
▪ « Les démineurs de la Sécurité civile », Ministère de l'Intérieur et des Outre-mer, Archives des dossiers, publié le 18 février 2021.
▪ « Les nécropoles », Chemins de mémoire, Ministère des Armées.
▪ « Première Guerre mondiale : ces 24 villages entièrement disparus », Le Parisien, publié le 10 novembre 2015.
▪ « Première Guerre mondiale : "un événement global qui touche l'intimité de chaque famille" », France Info, publié le 10 novembre 2018,
▪ TOLLINCHI Anne-Lyvia, « Flesquières : deux blockhaus de la Grande Guerre détruits et enterrés dans un champ », France Bleu.
▪ « Villages morts pour la France : ces maires sans habitants », France 24, publié le 13 février 2014.

Médiagraphie

- France 24. (2019, 20 septembre). *Déchets de guerre : la bataille sans fin* [vidéo]. YouTube.
- France 3 Grand Est. (2022, 28 août). *En raison de la sécheresse, des obus réapparaissent au fond des rivières à Verdun* [vidéo]. YouTube.
- Ministère de l'Agriculture et Souveraineté alimentaire. (2014, 3 novembre). *Cultiver son champ de bataille* [vidéo]. YouTube.
- Nicolas Chateauneuf. (2016, 17 mars). *Que reste-t-il de la bataille de Verdun ?* [Vidéo]. YouTube.

Table des matières

Structures éditoriales du groupe L'Harmattan

L'Harmattan Italie
Via degli Artisti, 15
10124 Torino
harmattan.italia@gmail.com

L'Harmattan Hongrie
Kossuth l. u. 14-16.
1053 Budapest
harmattan@harmattan.hu

L'Harmattan Sénégal
10 VDN SICAP AMITIE 3
BP 45034 Dakar-Fann
direction@senharmattan.com

L'Harmattan Cameroun
Tsinga/Derrière polyclinique FECAFOOT
BP 11486 Yaoundé
Jacques.koukam@harmattan.fr

L'Harmattan Burkina Faso
Villa 281, secteur 23 623, rue 14.32
Ouagadougou
zagbie@outlook.fr

L'Harmattan Guinée
Almamya, rue KA 028 OKB Agency
BP 3470 Conakry
harmattanguinee@yahoo.fr

L'Harmattan RDC
185, avenue Nyangwe
Commune de Lingwala – Kinshasa
matangilamusadila@yahoo.fr

L'Harmattan Congo
219, avenue Nelson Mandela
BP 2874 Brazzaville
deunovmikhael@gmail.com

L'Harmattan Mali
Immeuble Mgr Jean Marie Cissé
Aci Hamadallaye
BP 145 Bamako
syllaka@yahoo.fr

L'Harmattan Togo
Djidjole – Maison Amela
face EPP BATOME
02 BP 20680 Lomé
didieramela11@gmail.com

L'Harmattan Côte d'Ivoire
Résidence Karl – Cité des Arts
Abidjan-Cocody
03 BP 1588 Abidjan
harmattan.ivoire@gmail.com

L'Harmattan Bénin
Rue 604, (Immeuble à l'entrée
de la rue UCAO- Cite de Saint-Jean)
Cotonou
stepcorpus@gmail.com

Nos librairies en France

Librairie internationale
16, rue des Écoles
75005 Paris
librairie.internationale@harmattan.fr
01 40 46 79 11
www.librairieharmattan.com

Librairie des savoirs
21, rue des Écoles
75005 Paris
librairie.sh@harmattan.fr
01 46 34 13 71
www.librairieharmattansh.com

www.ingramcontent.com/pod-product-compliance
Lightning Source LLC
LaVergne TN
LVHW051400061026
849535LV00009B/3276
* 9 7 8 2 3 3 6 5 9 0 7 6 9 *